Dieses Buch gehört:

_____

_____

_____

ISBN 3-88117-025-1
VVA-Nr. 280000256
© Copyright 1977/S by Verlag Wolfgang Hölker
D-4400 Münster, Martinistraße 2
Alle Rechte vorbehalten
Printed in Germany
Imprimé en Allemagne
Herstellung: Druckhaus Cramer, 4402 Greven

Jutta Kürtz

Hausmachers Schnapsbuch

Anleitung Gebranntes gar köstlich zu veredeln.

Verlag Hölker

Inhaltsverzeichnis

Vorwort

Kleine Schnapsologie

1. Kräuter-Schnäpse

2. Bitter

3. Liköre aus dem Garten

4. Liköre aus Feld und Flur

5. Liköre nach Apotheker-Rezepturen

6. Rund ums Bier

7. Punsch heiss

8. Punsch kalt und seltene Bowlen

9. Alkoholisches Sammelsurium

10. Tips

11. Kräuterversand

12. Nachwort

13. Register

Vorwort

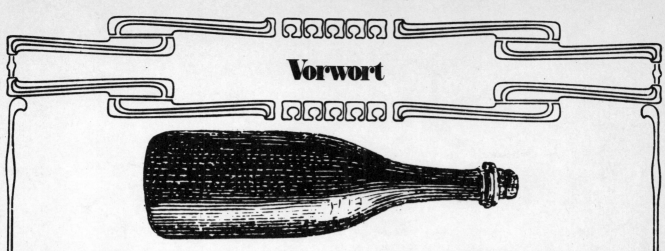

Am Anfang war eine schlanke, geheimnisvoll gefüllte Flasche aus den Bergen der Balearen-Insel Mallorca. Eine Flasche voller Bauernschnaps, am Straßenrand erworben. Kräuter und Früchte der Gegend in grünem Trunk, betörendes Aroma und schwere Süße. Das war der erste Schritt zu diesem Buch. Eine Schnaps-Idee?

Der zweite Anstoß kam aus dem Norden. Da waren die undurchschaubaren Mixturen dänischer Freunde, Proben geist-voller Heimarbeit, selbstgebraute Elixiere aus großmütterlichen Kräutergärtlein.

Erinnerungen schließlich an masurische Sommernächte, angefüllt vom Duft blumenreicher Wiesen und harziger Kiefernwälder. Kreisende Flaschen mit gewürzten »Wässerchen« beim Lagerfeuer am See. Jahre des Sammelns sind vergangen. Jede Reise brachte Rezepturen. Vieles fand sich in den Schatzkästlein heimischer Apotheker. Manches auch auf den vergilbten Seiten der Kochbücher unserer Urahnen. Und wieder reizte mich Kulturhistorisches ganz besonders.

Man muß kein Schnaps-Trinchen, kein Schnäpsler sein, um sich für und durch Selbstgebrautes zu erwärmen. Es ist der Reiz der Zauberei, Früchte aus Feld und Flur in bauchigen Flaschen mit klarem Alkohol zu vermählen. Es ist die Spannung, mitzuerleben, wie sich Kräutermixturen aromatisieren und goldgelb verfärben. In anderen Bouteillen leuchtet es blutrot oder tiefgrün, gülden oder fast schwarz schlummert es seiner Reife entgegen. Alchimisten gleich hantiert man mit Tröpflein und Prisen, mit Wurzeln und Beeren. Man läutert und schüttelt und filtert und pflegt, mit Liebe und Geduld. Genüßliche Vergnügen für Einfallsreiche, für Neugierige, für Beschauliche.

Es bedarf keiner großen Apparaturen, um Bar und Keller mit Geheimnisumwittertem zu füllen. Doch dreierlei erscheint mir hilfreich (und fast unentbehrlich): Ein trinkfester Mitstreiter mit Sinn für geist-volle Spielereien (ich fand ihn in idealer Weise in meinem Mann, der nie müde wurde, Rezepturen und Historie aufzuspüren und die Ergebnisse auszukosten). Außerdem ein traditions-verhafteter Apotheker, der gern auf alten Pfaden wandelt (solches tat gut und häufig für mich Dr. Barbara Engmann). Und man braucht Geduld. (Denn was gut sein soll, das muß lange reifen.)

Auch dieses Buch hat seine Zeit gebraucht. Was in mallorquinischen Bergen als Schnapsidee begann, wurde inmitten masurischer Wälder zu Papier gebracht. Haben Sie Freude daran,

das wünscht Ihnen

Dluzki (Masuren), im Sommer 1976

Kleine Schnapsologie

Kurfürstin Anna und ihre ganz spezielle Artzeney...

Kleine Schnapsologie

Harte Schnäpse sind keineswegs nur Sache harter Männer. Einer Vertreterin des schwachen Geschlechts gebührt vielmehr der Ruhm, der Nachwelt die größte Sammlung alkoholischer Rezepturen beschert zu haben: der vitalen Kurfürstin Anna von Sachsen. Als sie 1585 in Dresden das Zeitliche segnete, hinterließ sie nicht weniger als 181 Rezepte für deftige Kräuterschnäpse und andere hochgeistige Getränke. Sie alle hatte »Mutter Anna« – wie die experimentierfreudige Kurfürstin von ihren Landeskindern in liebevollem Respekt genannt wurde – eigenhändig ausprobiert. Zahllose Dankesbriefe aus allen Ecken Europas, wohin sie reichlich Proben ihrer Destillier- und Digestierkunst verschickte, waren des Lobes voll über Mutter Annas Aqua vitae – ein stilles Prosit auf den ruhelos forschenden Geist der sächsischen Landesmutter!

Den Kenner landesüblicher Sitten und Gebräuche verwundert die Vorliebe Ihrer Durchlaucht für »gebranntes Wasser« kaum. Denn Anna war eine Tochter des Dänenkönigs Christian III. Die Freude am Aquavit, die Leidenschaft für die Suche nach neuen alkoholischen Hausmixturen, muß in ihrer Wiege gelegen haben – als ein wesentliches Stück dänischen Nationalcharakters. Und der hat sich – was das intime Verhältnis zum »Geistigen« angeht – über die Jahrhunderte bis in unsere Tage erhalten.

Historiker sehen Annas Rolle etwas nüchterner. Sie schreiben deren Leidenschaft für harte Schnäpse ihrem regen Interesse für die Medizin zu. Die Kurfürstin hatte sich – ebenso wie auch ihr vielseitiger Gemahl August – dem Studium der Heilkunst verschrieben. Wo immer sie eines der (oft streng geheimen) »Artzney-Büchlein« habhaft werden konnte, ließ sie es für den eigenen Bedarf kopieren. In den Laboratorien des Dresdner Schlosses braute sie Heilsäfte, mischte sie Salben gegen alle Gebrechen dieser Erde. Sie schrieb an Kaiser und Könige, korrespondierte mit Klöstern und Gärtnern, bat Förster und Alchimisten um Kräuter und Wurzeln. Nicht nur aus Eichensprößlingen und Vogelbeeren, aus Wolfsherzen, Eselsmilz und Bärenfett bereitete sie ihre »Artzeney«. Sie experimentierte mit dem Moos verblichener Menschenknochen, mit tausendjährigen Elefanten-Stoßzähnen, mit dem Elfenbein des Eiszeit-Mammuts, das die Kraft des legendären Einhorns an seinen Konsumenten weitergeben sollte.

Von der Medizin zur hohen Kunst, geistige Getränke zu destillieren, war es nur ein kleiner Schritt. Denn dem Aqua vitae, dem Lebenswasser, schrieb schon der Mallorquiner Arzt Ramon Llull dreihundert Jahre zuvor eine therapeutische Wirkung zu. (Über den Schnaps brauenden Franziskaner-Mönch aus Palma wird noch an anderer Stelle zu berichten sein.) Anna benutzte, wie die Chronisten sorgsam vermerken, als »wahres Lebenselixier, als treffliches Medicament zur Stärkung und Erhaltung des Körpers und des Geistes« ihre an allen Fürstenhäusern der alten Welt berühmten Aquavite. Sie ließ bei Hofe ein eigenes Schnaps-Laboratorium einrichten, »zweihundert Schritt ins Gevierte, mit Wall und Wassergraben, in dem vier große Öfen standen« – wie

Kleine Schnapsologie

Hasche in seiner »Diplomatischen Geschichte Dresdens« registriert hat.

Als die Kurfürstin noch im Jahr ihres Todes den Nürnberger Hans Gutschmid für acht Jahre als Diener im Destillierhaus engagierte, machte sie ihm zur Pflicht, er solle »was ihm darin von Wasser zu brennen, zu destillieren, Zucker zu werfen und Anderem zu verfertigen befohlen wird, treulich, fleißig und reinlich machen, keine Nacht ohne unser Vorwissen außer dem Schloß liegen, niemand Fremdes zu sich ziehen und alles dasjenige, so er erlernen wird, in guter Geheim bei sich bis in seine Grube verschwiegen behalten...« Für den ungewöhnlich hohen Jahreslohn von hundert Gulden (»nebst freier Kost und Lager zu Hof«) mußte er sich allerdings auch »vor übrigem Trinken hüten und des Vollsaufens gäntzlich enthalten...«

In den Diensten der Kurfürstin standen auch immer wieder »Wasserbrennerinnen«. So forderte Anna in ihrem Brief ihren Verwalter in Schulpforte auf, er solle ihr, da sie noch ein Weib für das Destillierhaus brauche, »eine Wittwe ehrlichen Herkommens, guten Namens und ziemlichen Alters zuweisen«. Ihre Destillierkolben und andere Geräte bezog Anna aus hessischen Glashütten. Dort mußte man vorher die Öfen vergrößern, um die Bestellung des Sächsischen Hofes ausführen zu können. Auch für die Herstellung der viereckigen Flaschen für den Dresdner Aquavit ließ man die »Pfeifen, daran man die Flaschen blasen könne, auswärts Landes machen, weil die anderen, davon man die gemeinen Gläser blase, zu gering gewesen...«

Anna beglückte alle Welt mit ihrem gelben und weißen Aquavit. Welch großen Zuspruchs sich ihr Lebenselixier erfreute, zeigt ihr umfangreiches Korrespondenz-Archiv. Viele der Beschenkten erbaten dringend Nachschub – »zur Notdürftigkeit meines schwachen Magens«, wie Herzogin Clara von Braunschweig schrieb. Auch Dr. Ulrich Zasius, der Kaiserliche Vizekanzler, bat um Trost »für das unaussprechliche Herzeleid, darin der ewige Gott ihn hochgetrübten Mann gesetzt durch den Tod seiner herzlieben, großschwangeren Hausfrau« – ein Trost in Form einer Kurfürstlichen Aquavitflasche.

Doch genug des Lobgesangs auf Anna, die trinkfreudige Landesmutter von Sachsen. Ihre Experimentierfreude war einer der glanzvollen Höhepunkte in der Geschichte harter Schnäpse. Der Anfang dieser Geschichte liegt heute fast 5000 Jahre – vermutlich sogar länger – zurück, da sich die Historie des Alkohols im Halbdunkel der Vorzeit verliert. Belegt ist, daß die Ägypter schon vor 5000 Jahren nicht weniger als 28 Sorten Wein gekannt haben, den sie aus Trauben oder dem Saft der Dattelpalmen kelterten. Bier braute man aus Hirse, Weizen oder Datteln. Auch Stu-

Kleine Schnapsologie

tenmilch, Hanfblätter, Giftschwamm oder Honig wurden durch Gärung zu berauschenden Getränken verarbeitet.

Auf Branntwein allerdings mußte die Menschheit noch ein paar Jahrtausende warten. Zwar beschrieb schon der große Arzt und Naturforscher Aristoteles (384–322 v. Chr.) das physikalische Grundprinzip der Destillation, doch leitete er daraus keine praktischen Anwendungsverfahren ab. In Rom labte sich Plinius der Ältere an erhitztem Wein, doch scheint das eher ein früher Vorläufer des Punsches gewesen zu sein als ein »gebrannter Wein«. Als 711 n. Chr. die Araber Spanien eroberten, gründeten sie dort Schulen und Universitäten, von denen Bildung und Wissen auf ganz Europa ausstrahlten. Maurische Gelehrte stießen bei ihrer Suche nach dem Lebenselixier auch auf den Alkohol – so jedenfalls nannte Paracelsus später die Flüssigkeit nach den arabischen Wörtern Al-co-hue, was soviel

Brawer Magd.
Die Brawer Mägd so in gemein/
Mit lehren Tonnen rumpeln herein.
Die ledign Gfeß reinign vnd spieln/
Ins Brawhauß bringn/ vnd wider fülln.

bedeutete wie »feingemahlenes Glanzpulver für Augenschminke«. Denn die Araber benutzten den Alkohol als Lösungsmittel für kosmetische Zwecke und nicht als Rauschtrunk.

Das aqua ardens, das »brennende Wasser«, wie Marcus Graecus den durch Destillation von Traubensaft gewonnenen Alkohol nannte, hielt bald auch Einzug in die christlichen Klöster. In den Kellern und Experimentierstuben wurden aus Kräutern und Alkohol magenfreundliche Kräuterliköre gebraut – die ersten Vorläufer der heutigen Magenbitter. Allerdings tat sich die Kirche zwischendurch schwer mit dem »Wasser des Lebens«. In einer Abschrift der wohl ältesten Beschreibung des Destilliervorganges, die im 12. Jahrhundert angefertigt wurde, vermeidet der Herausgeber ängstlich das Wort Alkohol und umschreibt es aus Furcht vor dem Verdacht, mit dem Teufel im Bunde zu stehen.

Kleine Schnapsologie

Dennoch ist es ein Mönch – der Franziskaner Ramon Llull, der dem Alkohol in Europa zum Durchbruch verhalf. Der 1232 in Palma de Mallorca geborene Mystiker, von dem zahlreiche philosophische Abhandlungen und religiöse Schriften stammen, kam 1283 an die Universität der französischen Stadt Montpellier. Hier traf er auf den großen Alchimisten und Arzt Arnaud de Villeneuve. Gemeinsam versuchten sie, neben den bekannten Elementen Erde, Wasser, Luft und Feuer ein fünftes Element zu schaffen. Aus der Vereinigung von Feuer und Wasser (Wein) erhielten sie aqua ardente, gebranntes Wasser. Sie sahen darin die Grundlage für den »Stein der Weisen«. Der Alkohol trat seinen Siegeszug als Medizin an. Bereits 1320 wurden von Modena große Mengen nach Deutschland exportiert – als Mittel gegen die Pest.

Paracelsus, der große Arzt des Mittelalters (1493–1541), gab dem »gebrannten Wasser« endgültig seinen für die Wissenschaft eindeutigen, arabischen Namen – Alkohol. In seinen »Chinesischen Psaltern« hatte Paracelsus alle Stoffe in männliche und weibliche eingeteilt. Eine »Vermählung« – im alchimistischen Sinne eine innige Verbindung von Stoffen – konnten nach seiner Überzeugung nur verschiedengeschlechtliche Elemente miteinander eingehen. Der Alkohol bot sich für eine solche Paracelsus'sche Ehe geradezu an. Er verband sich mit den Duftstoffen von Kräutern, Früchten, Wurzeln und Blüten in geradezu idealer Weise. So spielte der Aquavit in der Heilkunst Paracelsus' eine bedeutende Rolle.

In seinem 1596 in Schleswig erschiene-nen Werk »Eine kleine Unterweisung« schrieb der Arzt Hans Chr. Bartsker: »Mancherlei Branntweine schaden Haupt und Herzen, aber der Aquavit, der aus verschiedenen Kräutern und Wurzeln hergestellt ist, dieser Aquavit hat aller Kräuter Kraft und Macht, Menschen von Krankheiten zu heilen ...« Bartsker ahnte schon – wie auch Kurfürstin Anna –, daß den Kräutern nicht nur eine magische Kraft innewohnte, sondern daß sie auch eine ganz konkrete therapeutische Wirkung hatten.

Ganz ohne Aberglauben geht es nicht

Trotzdem spielte der Aberglaube um die Kräuter über Jahrhunderte eine Rolle. Als eine magische Pflanze gilt z. B. seit grauer Vorzeit der *Wacholder*, ein für die Aquavitherstellung unentbehrliches Gewächs. Nicht nur bei den Germanen erfreute sich dieser stachelige Strauch hoher Verehrung, so daß man ihn für Rauchopfer und bei der Einäscherung der Toten verwendete. Auch in anderen Kulturen schrieb man ihm antidämonische Wirkung zu. Seine starren, stechenden Nadeln sollten den Teufel, die Hexen und andere böse Geister abwehren. Der Rauch aus verbranntem Wacholderholz oder -beeren vertrieb vielerlei Krankheiten. Er wurde vor allem als vorbeugendes Mittel gegen die Pest eingesetzt. Hieronymus Bock sang dem »Machandelbaum« in seinem 1551 erschienenen »Kreuterbuch« ein hohes Loblied: »Ist ein sonderlich Preservatium zur Zeit der Pest in Germania – in summa die Würckung und tugent des Weckholterbaums seind zu beschreiben nit wol möglich.« Von Wacholderbeeren im Amulett (gegen

Kleine Schnapsologie

Epilepsie) zu Wacholderbeeren im Aquavit war es kein großer Schritt.

Auch der *Wermut* – Bestandteil vieler Bitterschnäpse – war seit Urzeiten ein Heilkraut, um das sich Mythen und Mystik ranken. Es wurde schon vor drei Jahrtausenden von den Ägyptern angewendet. Plinius empfiehlt Wermut als Mittel gegen die Schlaflosigkeit. Doch scheint es auch schon in berauschenden Getränken verarbeitet worden zu sein, denn an anderer Stelle berichtet er: »Dieses nützliche Kraut ist allg. bekannt und zu vielen Heilzwecken in Gebrauch. Es wird auch bei den Latinischen Festen in Rom verwendet, wo vierspännige Wagen am Capitolium um die Wette fahren. Wer da den Sieg errungen hat, trinkt Wermut.« Der griechische Arzt Dioskurides (1. Jh. n. Chr.), dessen fünf Kräuterbücher mit der Beschreibung von mehr als 600 Pflanzen bis in das 17. Jahrhundert als die »Bibel« der Pharmakologie galten, schrieb über das Bitterkraut: »Die Wermutpflanze erwärmt, sie zieht zusammen, befördert die Verdauung und ist in vielen Fällen ein wichtiges Heilmittel. Man versetzt auch die schwarze Tinte zu schreiben mit Wermut, weil sich dann die Mäuse nicht daran wagen.« Auch in deutschen Landen diente der Wermut als eine unentbehrliche Heilpflanze gegen jederlei Gebrechen. Ein Sprichwort aus dem Bergischen Land sagt daher »Wärmot es für alles got«.

Angelika oder Engelwurz, ebenfalls eine beliebte Zutat für Kräuterliköre, nahmen die Wikinger getrocknet auf ihre wagemutigen Seereisen mit. Im Mittelalter wurde es als Mittel gegen die Pest gepriesen. Seine Wurzel fehlte nicht im geheimnisumwitterten Theriak, dem »Gift gegen alle Gifte«. Ein Angelika-Trunk rief den Schutz des Erzengels Gabriel herbei.

Die Bitterstoffe der *Kalmuswurzel* geben so berühmten französischen Kräu-

terlikören wie Chartreuse oder DOM (Abkürzung für Deo Optimo Maximo – für Gott, den Allmächtigen) den besonderen Geschmack. Kalmus wurde gegen Wassersucht verabreicht, der Rauch verbrannter Kalmus-Pflanzen war ein Mittel gegen verhexte Kühe, die keine Milch geben wollten.

Zahlreiche Liköre erhalten ihren herben Geschmack durch *Ingwer*, ein Gewürz, das Marco Polo als erster Europäer von

Kleine Schnapsologie

seiner Reise nach China mitbrachte. Auch diese Pflanze spielte in der Volksheilkunde eine erhebliche Rolle. In dem 1679 erschienenen Kräuterbuch von Adamus Lonicerus heißt es: »Imber ist gantz gut dem bösen erkalten Magen. Wem die Zähne wehe thun, der nemme Imberzehen und schneid sie klein, siede die in Wein und wasche die Zähne nüchtern und warm damit. Imber ist allen Menschen gut, so innerlich erkaltet sein, fürnehmlich der grün und eingemachte Imber...«

Vogelbeeren, Schafgarbe, Rosmarin und Nelken – was immer in die Kräuterliköre und Aquavite wanderte, sollte seine magische Heilkraft auf den Branntwein übertragen. Daß diese »Medizin« durchaus erfolgreich war, lag an der pharmakologischen Wirkung der Kräuter, die der Volksmedizin instinktiv bekannt waren. Wahre Wunder wurden über das »Lebenswasser« berichtet. »Es war ein Mann ins Wasser gefallen und unter das Eis gekommen, konnten ihn nicht wieder erretten, da kam Einer und sagte, die alte Gräfin zu Mannsfeld hat mir lebendig Wasser gegeben, thut es ihm in den Mund, sie gossen ihm ein und er ward lebendig«, heißt es in einem Brief der Gräfin Dorothea von Mannsfeld. Diese hochedle Dame war niemand anders als die Lehrerin jener legendären Kurfürstin Anna von Sachsen – eine Lehrerin, die von ihrer Schülerin jedoch weit in den Schatten gestellt wurde.

I. Kräuter-Schnäpse

Kleine Schnapsologie

Wanzlebener Kräuter-Liqueur

(aus dem handschriftlichen Rezeptbuch des Apothekers Johannes Engmann aus dem Jahre 1899)

```
gtt.   II OL. Melissae
gtt.    V OL. Calami
gtt.    V OL. Menth. crisp.
gtt.    V OL. Menth. pip.
gtt.    V OL. Juniperi
gtt.    V OL. Millefol.
gtt.    X OL. Amygd. am.
gtt.   XX OL. Absinthii
gtt.   XX OL. Angelicae
  50    Tinct. Zingiber.
  50    Tinct. Gentian.
  50    Tinct. aromatic.
  50    Spir. aether. nitros.
  10 g  Essenz
 250 g  Sacchar.
 420 g  Spiritus
1000 g  Aq. destill.
```

Zur Erklärung: Man nimmt 10 g der Essenz und vermischt sie gut mit dem in dem destillierten Wasser geläuterten Zucker und gibt den Spiritus dazu. Stehen und ruhen lassen.

Die Tinktur kann bestellt werden (s. S. 102/103).

Kräuter-Schnäpse

Wacholder-Schnaps

Frische Wacholderbeeren (schwarze), Klarer

Die frischen Wacholderbeeren, die man am besten im September pflückt, werden gesäubert und zum Trocknen ein paar Tage in den Schatten gelegt. Dann zerstößt man sie leicht in einem Mörser, gibt sie in eine Flasche und übergießt sie mit so viel Alkohol, daß sie gut bedeckt sind. Ein bis zwei Wochen an einem nicht zu warmen Ort stehen lassen. Filtrieren, in eine neue Flasche geben und einige Monate ruhen lassen, bis sich die Flüssigkeit von selbst klärt. Erneut umgießen. Der Schnaps ist fertig, wird durch längeres Stehen aber noch besser. Vor Gebrauch muß man ihn kräftig schütteln.
Tip: Wenn Sie keine frischen Wacholderbeeren haben, können Sie auch pro Flasche 50–75 getrocknete Beeren nehmen.

Vogelbeer-Schnaps

1 l Vogelbeeren, 1 l Spiritus, 1 l Wasser

Die Vogelbeeren, die man am besten nach dem ersten Frost pflückt und gut verliest, übergießt man mit ½ l Spiritus und ½ l Wasser. 14 Tage an einem warmen Ort stehen lassen. Häufig schütteln und filtrieren. Die Beeren werden erneut angesetzt, und zwar mit dem restlichen Spiritus und Wasser. Man läßt sie 4 Wochen an einem warmen Ort stehen und schüttelt häufig. Filtrieren. Beide Flüssigkeiten gut miteinander mischen, in eine neue Flasche geben und ruhen lassen.

Kalmus-Schnaps

Kalmus-Wurzeln, Klarer

Die Kalmus-Wurzeln sammelt man sehr zeitig im Frühjahr, reinigt und entfasert sie, spaltet sie und schneidet sie in kleine Stücke. An einem luftigen Ort läßt man sie kurze Zeit trocknen – sie müssen ihre helle Farbe behalten und mit Alkohol übergossen werden, bevor sie bräunen. Man nimmt so viel Alkohol, daß die Kalmus-Wurzeln gut bedeckt sind, und läßt alles eine Woche an einem nicht zu warmen Ort ziehen. Filtrieren. Diese Essenz kann schon jetzt verdünnt und getrunken werden, sie wird durch langes Stehen aber besser. Zum Verdünnen nimmt man Klaren oder Branntwein. (Kalmus-Wurzeln gibt es auch beim Apotheker.)

Kräuter-Schnäpse

Wermut-Schnaps

4,5 g Garten-Wermut, 1 Flasche Klarer

Den Garten-Wermut pflückt man am besten Ende Juli. Man läßt die Pflanzen in der Sonne trocknen und bricht danach die Blätter und Sprößlinge in kleine Stückchen. Sie werden mit dem Alkohol übergossen und 3 Wochen an einem nicht zu warmen Ort stehen gelassen. Filtrieren, auf Flaschen ziehen und ruhen lassen. (Bis zu 2 Jahre und nach Geschmack sogar mehr.) (Auch Wermut gibt es getrocknet in Apotheken.)

Kerbel-Schnaps

Frischer Kerbel, Klarer

Der frische Kerbel wird gepflückt (am besten in den Monaten Juni, Juli, August), in eine Flasche gegeben und mit so viel Alkohol übergossen, daß er gut bedeckt ist. Filtrieren und in eine neue Flasche geben. Diese Essenz mit der kräftigen grünen Farbe und dem Duft von Anis ist bereits jetzt trinkfertig, sie gewinnt aber durch längeres Lagern. Man verdünnt sie mit Klarem oder Weinbrand.

Angelika-Schnaps

Ein junger Angelikazweig, Klarer

Der Angelikazweig wird ganz frisch in eine Flasche gegeben und mit so viel Alkohol übergossen, daß er gut bedeckt ist. 3–4 Tage an einem nicht zu warmen Ort stehen lassen. Die Essenz erhält zunächst eine frühlingsgrüne Farbe, verfärbt sich aber nach ein paar Tagen gelblich. Die filtrierte Essenz ist bereits jetzt trinkfertig. Man verlängert sie mit Klarem oder mit Wodka.

Wodka »smorodinówka«

Eine Handvoll junge, grüne, noch geschlossene Blätter der schwarzen Johannisbeere, 1/2 l Wodka

Die Johannisbeer-Blätter läßt man 3 Wochen an einem warmen Ort in dem Wodka ziehen. Filtrieren. Der hellgrüne Schnaps ist jetzt trinkfertig, gewinnt aber durch lange Lagerung. Man trinkt ihn eisgekühlt, am besten aus kühlgestellten Gläsern.

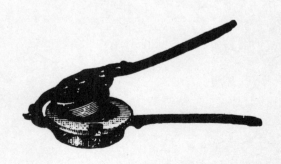

Kräuter-Schnäpse

Löwenzahn-Schnaps

Junge Löwenzahnblüten, Klarer

Die jungen Löwenzahnblüten trennt man mit einem scharfen Messer so von dem Blütenboden, daß nur die gelben Blüttenblätter übrigbleiben. Diese gibt man in eine Flasche und übergießt sie mit so viel Alkohol, daß sie gut bedeckt sind. Einen Tag ziehen lassen. Filtrieren und in eine neue Flasche gießen. Diese Essenz ist bereits jetzt trinkfertig, sie gewinnt aber durch lange Lagerung. Man verdünnt sie mit Klarem oder mit Wodka.

Heide-Nelken-Schnaps

Junge Heide-Nelken, Klarer

Die jungen Blüten der Heide-Nelke werden mit einem Messer so von dem Kelchblatt getrennt, daß nur noch die Blütenköpfe übrigbleiben. Man gibt diese in eine Flasche und übergießt sie mit so viel Alkohol, daß sie gut bedeckt sind. 2–3 Tage ziehen lassen. Filtrieren. In eine neue Flasche geben. Dieser Schnaps ist hiermit fertig, gewinnt aber durch lange Lagerung. Man kann ihn nach eigenem Geschmack mit Klarem oder mit Branntwein verdünnen.

Porst-Bitter

Knospen oder Blüten vom Porst (Gagel-Strauch), Klarer

Im Frühjahr sammelt man die Knospen und/oder Blüten vom Porst, und legt sie 2–3 Tage an einem schattigen Platz zum Trocknen aus. Dann gibt man sie in eine Flasche und füllt sie mit so viel Alkohol auf, daß sie gut bedeckt sind. 3–5 Tage an einem nicht zu warmen Ort stehen lassen, filtrieren, auf Flaschen ziehen und mehrere Monate ruhen lassen.
Variante: Man pflückt die jungen Zweige, trocknet sie leicht an (sie müssen ihre grüne Farbe noch behalten) und raspelt dann die Blätter ab. Mit Alkohol übergießen und behandeln wie im vorigen Rezept. Vor dem Trinken etwas verdünnen.

Sonnentau-Schnaps

Sonnentau, Klarer

Vom frisch gepflückten Sonnentau schneidet man die Blätter ab. Die rest-

Kräuter-Schnäpse

liche Pflanze übergießt man mit so viel Alkohol, daß sie gut bedeckt ist. 3–4 Tage an einem nicht zu warmen Ort stehen lassen. Filtrieren. Diese Essenz ist jetzt bereits trinkfertig. Sie gewinnt aber durch lange Lagerung. Man verdünnt die Essenz mit Klarem oder mit Wodka.

Anmerkung: Sonnentau ist geschützt.

Schafgarben-Schnaps

Weiße oder rosa Schafgarbe, Klarer

Die Schafgarbe wird gepflückt, wenn sie ganz junge Blüten hat. Man läßt sie ein paar Tage im Schatten trocknen und schneidet die Blütenschirme ab. Diese übergießt man mit so viel Alkohol, daß sie gut bedeckt sind. 4–5 Tage an einem nicht zu warmen Ort stehen lassen. Filtrieren und in eine neue Flasche geben. Ruhen lassen, bis sich der Schnaps von selbst klärt. Erneut umgießen. Die Essenz ist jetzt trinkfertig, gewinnt aber durch lange Lagerung. Man verdünnt sie mit Klarem oder mit Branntwein.

Rainfarn-Schnaps

Rainfarn, Klarer

Vom Rainfarn pflückt man entweder die jungen Blätter vor der Blüte ab, oder man nimmt die ganz frischen Blüten. Ein paar Tage im Schatten trocknen lassen. Dann gibt man den Rainfarn in eine Flasche und übergießt ihn mit so viel Alkohol, daß er gut bedeckt ist. 2–3 Tage an einem nicht zu warmen Ort stehen lassen. Filtrieren und in eine neue Flasche geben. Diese Essenz mit ihrer grüngelblichen Farbe und dem scharfen Geschmack ist schon jetzt trinkfertig. Sie gewinnt aber durch lange Lagerung. Man muß sie sehr stark verdünnen, am besten mit Klarem oder Wodka.

Tausendgulden-Bitter

30 g Tausendguldenkraut, einige Blätter Strand-Wermut, 1 Flasche Klarer

Man läßt das frisch gepflückte Tausendguldenkraut 10 Tage an einem nicht zu warmen Ort in der Hälfte des Alkohols ziehen. Filtrieren und in eine neue Flasche geben. Dann läßt man den Wermut 2 Stunden in dem restlichen Alkohol ziehen, filtriert diese Flüssigkeit und gibt sie zu dem anderen Alkohol. Beides gut vermischen. Der Schnaps gewinnt durch lange Lagerung.

Johanniskraut-Schnaps

Johanniskraut, Klarer

Man pflückt das Johanniskraut als ganze Pflanze und läßt es ein paar Tage im Schatten trocknen. Dann pflückt man vorsichtig die Blütenköpfe ab und übergießt sie mit so viel Alkohol, daß sie gut bedeckt sind. 3–4 Tage stehen lassen. Filtrieren. Diese rubinrote Essenz ist bereits jetzt trinkfertig, sie gewinnt aber durch lange Lagerung. Man verdünnt sie, bis sie fast durchsichtig wird, am besten mit Klarem.

Kräuter-Schnäpse

Variante: Man verändert dieses Rezept, indem man je Flasche 2 g Zimtstange und 6 Gewürznelken hinzufügt.

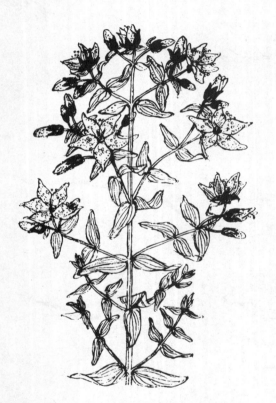

Kiefernnadel-Schnaps

Junge, grüne Spitzen der Kiefer, Klarer

Im Mai/Juni pflückt man von Kiefern die jungen grünen Spitzen, gibt sie in eine Flasche und übergießt sie mit so viel Alkohol, daß sie gut bedeckt sind. An einem nicht zu warmen Ort 1–2 Tage ziehen lassen. Filtrieren und in eine neue Flasche geben. Die hellgelbe Essenz ist bereits jetzt trinkfertig, sie gewinnt aber durch lange Lagerung. Man muß sie stark verdünnen, am besten mit Klarem.

Kiefer-Bitter

Frische Kiefernzapfen, Klarer

Man pflückt frische, grüne Kiefernzapfen, gibt sie in eine weithalsige Flasche und übergießt sie mit so viel Alkohol, daß sie gut bedeckt sind. 4–6 Monate an einem nicht zu warmen Ort ziehen lassen. Filtrieren und in eine neue Flasche geben. Diese Essenz ist trinkfertig. Sie muß stark verdünnt werden, am besten mit Klarem oder Wodka.

Tannennadel-Bitter

Tannenzweige, Klarer

Man läßt die jungen Tannenzweige einige Tage im Schatten trocknen und löst dann die Nadeln ab. Sie werden in eine Flasche geschüttet und mit so viel Alkohol übergossen, daß sie gut bedeckt sind. 5–6 Tage an einem nicht zu warmen Ort stehen lassen. Filtrieren und in eine neue Flasche geben. Dieser Bitter ist jetzt trinkfertig, er gewinnt aber durch lange Lagerung. Je nach Geschmack kann man ihn mit Klarem verdünnen.

Kräuter-Schnäpse

Ilex-Schnaps

Ilex (Stechpalme), Klarer

Während der Blütezeit im Mai/Juni pflückt man vom Ilex die jungen, blanken und glatten Blätter, reinigt sie und läßt sie ein paar Tage im Schatten trocknen. In eine weithalsige Flasche geben und mit so viel Alkohol übergießen, daß sie gut bedeckt sind. 2–3 Tage ziehen lassen. Filtrieren. Die grünliche Essenz ist jetzt bereits trinkfertig, sie gewinnt aber durch Lagerung. Je nach Geschmack kann man sie mit Klarem verdünnen.

Walnuß-Schnaps Orzechówka

4 grüne Walnüsse, ½ l Klarer oder Wodka

Die Walnüsse werden geviertelt und mit Alkohol übergossen. An einem warmen Ort 4–6 Monate stehen lassen. Täglich schütteln. Filtrieren, auf eine Flasche ziehen und erneut stehen lassen. Dabei *nicht* schütteln. Sobald sich diese Essenz geklärt hat, kann man sie mit Alkohol verdünnen und trinken (dazu eignet sich besonders gut Wodka).

Walnuß-Schnaps von Schalen

Walnußschalen, Aquavit

Die geknackten, zerkleinerten Schalen der reifen, winterlichen Walnüsse werden so sauber verlesen, daß sich kein Schmutz mehr daran befindet. Man bürstet sie am besten mit einer harten Bürste sorgfältig ab. Dann gibt man die ziemlich kleingeschlagenen Schalen in eine Flasche und übergießt sie mit so viel Aquavit, daß sie gut bedeckt sind. 10–14 Tage an einem nicht zu kühlen Ort stehen und ziehen lassen. Filtrieren und auf eine neue Flasche ziehen. Nach Geschmack mit Klarem verdünnen und gut gekühlt trinken. Dieser Schnaps ist schon nach kurzer Zeit fertig, gewinnt aber durch längeres Stehen.

Kräuter-Schnäpse

Polnischer Zitronen-Schnaps

1 Zitrone, 250 ccm Spiritus, 500 ccm Wasser, 50 g Zucker, 100 ccm Wasser

Man gibt den Saft einer halben Zitrone und die hauchdünn abgeschälte Schale der ganzen Zitrone in den Spiritus, gießt 500 ccm Wasser dazu und gibt den in dem restlichen Wasser geläuterten Zucker ebenfalls mit hinein. Alles gut vermischen und 5 Minuten lang in der Hand kräftig schütteln. Die Flasche muß liegend 24 Stunden im Kühlschrank ruhen. Filtrieren und in eine neue Flasche geben. Man trinkt diesen Schnaps eisgekühlt aus kaltgestellten Gläsern. Er braucht keine lange Lagerung.

Aromatisierter Wodka

1 Flasche Wodka, Schale von 1 Zitrone, Schale von 2 Apfelsinen, 250 g entsteinte Backpflaumen, 1 Handvoll Pfefferminzblätter, 1 Stange Zimt

In den Wodka gibt man die übrigen kleingeschnittenen Zutaten und läßt sie an einem sonnigen Ort 6–8 Wochen stehen und ziehen. Häufig umschütteln. Filtrieren und auf Flaschen ziehen. Nach 14 Tagen erneut filtrieren. Dieser Wodka schmeckt schon jetzt, gewinnt aber durch längeres Stehen.

Bitter

Apothekenbitter

  10 g Tinctura aromatica
    6 g Tinctura calami
    6 g Tinctura gentianae
    4 g Tinctura aurantii
    4 g Tinctura zingiberis
    2 g Tinctura chinae
    2 g Tinctura amara
    2 g Spiritus melissae
    2 g Spiritus lavandulae
    4 g Spiritus angelicae
    4 g aqua amygdal. amar.
280 g Spiritus
320 g aqua dest.
Zuckerlösung aus 240 g Zucker und 120 g Wasser
Alles zusammengeben und unter häufigem Schütteln ruhen lassen.

(Wer Glück hat, findet einen Apotheker, der ihm diese Tinkturen zusammenmischt ...)

Die Tinktur kann bestellt werden (s. S. 102/103).

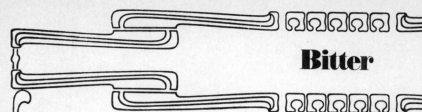

Bitter

Magen-Bitter I

100 g Pomeranzenschale, 24 g Sternanis, 8 g gewöhnlicher Anis, 15 g Enzianwurzel, 15 g Alantwurzel, 8 g Tausendguldenkraut, 8 g Weinstein, 1 kg Zucker, 4 l Klarer

Die Gewürze werden 2–3 Wochen in dem Branntwein stehen gelassen. Filtern und mit dem geläuterten Zucker süßen. Auf Flaschen ziehen und ruhen lassen.

Magen-Bitter II

90 g Pomeranzenschale, 8 g Wermut, 8 g Tausendguldenkraut, 8 g Veilchenwurzel, 8 g Benediktenkraut, 4 g Zimtstange, 4 g Muskatnuß, 500 g Zucker, 2 l Weingeist

Man läßt die Gewürze 2–3 Wochen in dem Alkohol ziehen, filtriert dann die Flüssigkeit und vermischt sie mit dem geläuterten Zucker. Auf Flaschen ziehen und ruhen lassen.

Magen-Bitter Äskulap

1,5 g Kardamom, 1,5 g Kubebenpfeffer, 3 g Tausendguldenkraut, 3 g Benediktenkraut, 1,5 g Enzianwurzel, 6 g Galantwurzel, 1 g Zimt, 6 g unreife Pomeranzen, 3,5 g Pomeranzenschale, 1 g Koriander, 1 g Kalmuswurzel, 0,5 g Nelken, 350 g Zucker, 350 ccm Wasser, 300 ccm Spiritus

Die Gewürze werden in einem Mörser grob zerstoßen und mit 200 ccm Spiritus übergossen. An einem warmen Ort 14 Tage stehen lassen. Häufig schütteln. Filtrieren und mit dem in dem Wasser geläuterten Zucker und dem restlichen Spiritus gut vermischen. 6 Wochen an einem nicht zu warmen Ort stehen lassen. Filtrieren, auf Flaschen ziehen und ruhen lassen.

Die Kräutermischung kann bestellt werden (s. S. 102/103).

Westindischer Bitter

100 g Enzianwurzel, 50 g Pomeranzenschale, 50 g rotes Sandelholz, 6 g Zimtstange, 4 g Kardamom, 4 g Nelken, 2 Flaschen Rum

Alle Zutaten werden gemischt und einige Tage stehen gelassen. Dann filtriert man die Flüssigkeit, zieht sie auf Flaschen und läßt sie ruhen.

Bitter

Absinth

65 g Anis, 8 g Sternanis, 60 g Fenchel, 8 g Koriander, 2 g Angelikawurzel, 4 g Süßholzwurzel, 4 g Kalmuswurzel, 15 g Wermut, 2 g Pfefferminzblätter, 4 g Kamille, 2 g Wacholderbeeren, 1 Tropfen Bittermandelöl, 1 l Klarer

Man läßt sämtliche Zutaten 3–4 Wochen an einem warmen Ort ziehen. Filtrieren, auf Flaschen ziehen und ruhen lassen.

Die Kräutermischung kann bestellt werden (s. S. 102/103).

Usqueba

25 g Nelken, 8 g Muskatnuß, gemahlen, 8 g Ingwerpulver, 8 g Kümmel, 8 g Sternanis, 50 g Rosinen, 75 g weißer Kandiszucker, 0,7 l Klarer

Die Gewürze werden zerstoßen, in eine Flasche gegeben und mit dem Alkohol übergossen. An einem warmen Ort 14 Tage stehen lassen, währenddessen täglich schütteln. Noch weitere 3 Tage in Ruhe stehen lassen, dann abgießen, filtrieren, auf Flaschen ziehen und ruhen lassen.

Die Kräutermischung kann bestellt werden (s. S. 102/103).

Isländer

15 g Wacholderbeeren, 10 g Rosinen, 2,5 g Kardamom, 1 Tropfen Bittermandelöl, 200 ccm Spiritus, 1 Schnapsglas Kognak, 60 ccm Kirschsaft, 250 ccm Wasser

Sämtliche Zutaten werden gemischt und 2–3 Wochen an einen warmen Ort gestellt. Häufig schütteln. Filtrieren, auf Flaschen ziehen und ruhen lassen.

Benediktiner

1,6 g Enzianwurzel, 0,4 g Nelken, 1,2 g Zimt, 0,8 g Pfefferminzblätter, 0,8 g krause Pfefferminzblätter, 0,4 g Absinth, 0,4 g Majoran, 0,4 g Thymian, 0,4 g Galantwurzel, 0,4 g Rhabarberwurzel, 0,6 g Lavendelblüten, 0,1 g Safran, 360 g Zucker, 240 ccm Wasser, 400 ccm Spiritus, 200 ccm Wasser

Sämtliche Gewürze außer Lavendelblüte und Safran in dem Spiritus und den 200 ccm Wasser ziehen lassen. Nach 45 Minuten gibt man Lavendelblüte und Safran dazu und läßt alles zusammen noch 15 Minuten stehen. Den Zucker in den 240 ccm Wasser läutern und zu dem Alkohol gießen. Filtrieren, auf Flaschen ziehen und ruhen lassen.

Die Kräutermischung kann bestellt werden (s. S. 102/103).

Bitter

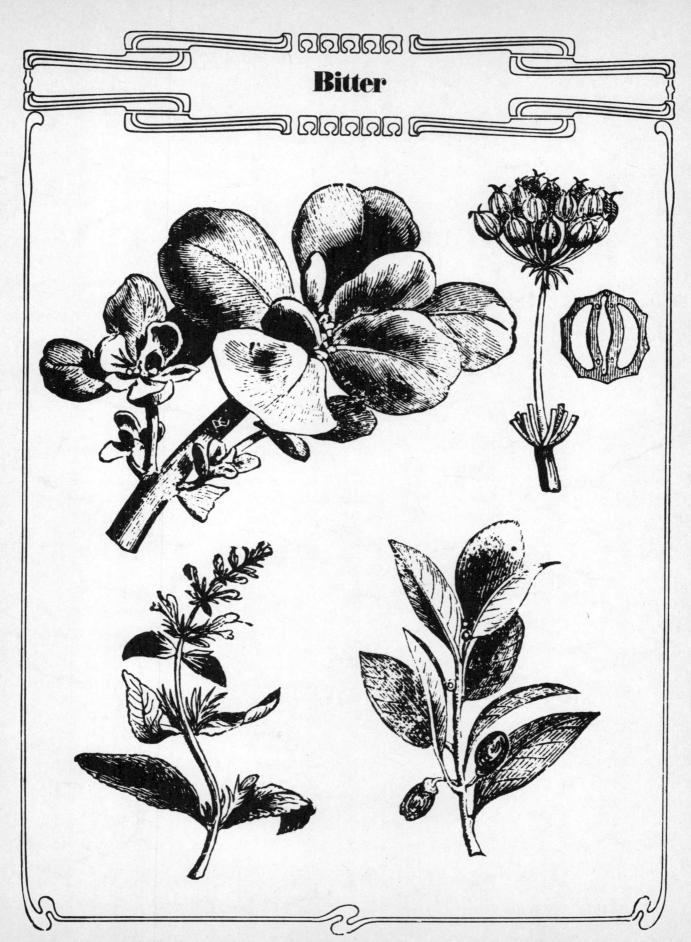

Bitter

Original-Rezept aus einer dänischen Handschrift aus dem Jahre 1608 (aus der Neuen Königlichen Sammlung Nr. 314 b 4)

Aqua vitae

3,5 g Zimtstange
2,1 g Ingwerpulver
1,1 g Galant-Wurzel
1,1 g Nelken
0,4 g Pfefferschoten
0,4 g Muskat
0,2 g Safran
53 g Zucker
1 Fl. Branntwein

Alles zusammen 24 Stunden ziehen lassen, dann filtrieren und auf Flaschen ziehen. Ruhen lassen.

Liköre aus dem Garten

In „Die Holsteinische Küche" zeichnete Johanna Kuß um die Jahrhundertwende folgendes auf:

Liqueur von schwarzen Johannisbeeren

Die Johannisbeeren werden gut verlesen und, nachdem Blüte und Stiel abgeschnitten, in eine weithalsige Flasche gefüllt. Nun gießt man so viel Franzbranntwein darüber, als thunlich, korkt die Flasche fest zu und setzt sie an einen warmen Ort, während 5—6 Wochen, darnach wird auf 2 Liter von dem Johannisbeerenbranntwein 500 g Zucker gerechnet, dieser in 1/2 Liter Wasser gekocht und geschäumt, dann jener dazu gegossen, kalt in Flaschen gethan, die wohl verkorkt an einem kühlen Ort aufbewahrt werden.

Das Rezept läßt sich auch heute leicht ausprobieren. Man nimmt statt des Franzbranntweines je nach Geschmack Klaren oder Branntwein.

Liköre aus dem Garten

Grundrezept für Aufgesetzte:

Johannisbeerlikör

150 g schwarze Johannisbeeren, 150 g weißer Kandiszucker, 1/2 Vanillestange, 1 Flasche Klarer

Die entstielten und gut gereinigten Johannisbeeren werden mit dem Zucker und der aufgeschnittenen Vanillestange in Flaschen gegeben und mit dem Alkohol übergossen. 6–8 Wochen ziehen lassen. Filtrieren, auf Flaschen ziehen und ruhen lassen.

Cassis-Ratafia

1 kg schwarze Johannisbeeren, 30 Himbeeren, 2 Nelken, 10 Johannisbeerblätter, 500 g Zucker, 1/2 l Wasser, 3 Flaschen Weinbrand oder Kirschwasser

Die Johannisbeeren werden zerquetscht und zusammen mit den Himbeeren, den Nelken und den Blättern in eine Flasche gegeben und mit Alkohol übergossen. An einem nicht zu warmen Ort acht Wochen stehen lassen. Zucker in dem Wasser läutern und dazugeben. Filtrieren, auf Flaschen ziehen und ruhen lassen.

Gingerette

500 g schwarze Johannisbeeren, 500 g Zucker, Schale von einer Zitrone, 10 g Ingwerpulver, 1 l Gin

Die Johannisbeeren werden von den Stielen gepflückt, gereinigt, zerquetscht und mit der sehr dünn abgeschälten Zitronenschale in den Gin gegeben. 3 Tage stehen lassen. Filtrieren und zusammen mit dem Zucker und dem Ingwer in eine neue Flasche geben. An einem warmen Ort 8 Tage stehen lassen, dabei häufig schütteln. Filtrieren, auf Flaschen ziehen und ruhen lassen.

Johannisbeerlikör

500 g schwarze Johannisbeeren, 250 g Zucker, 1/4 l Wasser, 1 Flasche Klarer

Johannisbeeren gut verlesen und in den Alkohol geben. An einem warmen Ort 5–6 Wochen ziehen lassen. Zucker in dem Wasser läutern, abkühlen und dazugeben. Filtrieren, auf Flaschen ziehen und ruhen lassen.

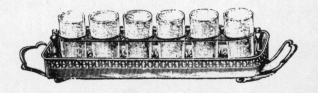

Liköre aus dem Garten

Johannisbeerlikör mit Kräutern

300 g schwarze Johannisbeeren, 300 g weißer Kandis, 5 g Fenchel, 5 g Anis, 5 g Kümmel, 1 Zweig frische Pfefferminze, 1 l Klarer

Die gewaschenen und gut abgetropften Johannisbeeren gibt man in eine Flasche, schüttet Kandis und Gewürze darüber und füllt mit dem Alkohol auf. 4–6 Wochen an einem nicht zu warmen Ort stehen lassen. Filtrieren und auf Flaschen ziehen. Ruhen lassen.

Johannisbeer-Meth

1 kg weiße Johannisbeeren, 500 g Imkerhonig, 8 g Weinstein, 1/4 l Kognak, 2 1/2 l Wasser

Der Honig wird in dem kochenden Wasser aufgelöst. Dann preßt man die Johannisbeeren aus und gibt den Saft zusammen mit dem Weinstein zu dem Honigwasser. 15–20 Minuten lang kräftig rühren. Sobald die Flüssigkeit klar wird, zieht man sie auf Flaschen und läßt sie ruhen.

Kirschlikör I

200 g Schattenmorellen, 200 g brauner Kandiszucker, 1/2 Zimtstange, 1 Nelke, Schale von einer halben Apfelsine, 3/4 l Klarer

Kirschen entsteinen und ein Viertel der Steine zerschlagen. Dieses Steinmus zusammen mit den Kirschen, dem Kandiszucker und den Gewürzen in eine Flasche geben und mit dem Alkohol übergießen. 8 Wochen an einem nicht zu warmen Ort stehen lassen, dabei täglich schütteln. Filtrieren, auf Flaschen ziehen und ruhen lassen.

Kirschlikör II

1 kg schwarze Kirschen oder Schattenmorellen, 500 g weißer Kandiszucker, 4 Nelken, 1 Zimtstange, 1 1/4 l Weingeist, 1 l Wasser

Die Kirschen werden gewaschen, entsteint und zusammen mit einer Handvoll aufgeklopfter Steine in Flaschen gefüllt. Alkohol darübergießen. Flaschen gut verschlossen an einem warmen Ort 3–4 Wochen stehen lassen. Kandiszucker und Gewürze zusammen mit dem Wasser aufkochen, abkühlen lassen und über die Früchte gießen. 3 Tage stehen lassen. Filtrieren, auf Flaschen ziehen und ruhen lassen.

Liköre aus dem Garten

Französischer Likör

1 l frisch ausgepreßter Kirschsaft, ½ l roter Johannisbeersaft, 500 g Zucker, 2 l Klarer

Man preßt soviele reife, entsteinte Kirschen aus (am besten nimmt man halb süße und halb saure), daß man 2 l Saft erhält. Die Hälfte der Steine wird im Mörser zerstoßen. Johannisbeersaft ebenfalls frisch auspressen. Die beiden Säfte, die zerstampften Steine und den Zucker so lange rühren, bis letzterer völlig aufgelöst ist. Dann gibt man den Alkohol dazu, läßt alles 6 Tage an einem warmen Ort ziehen und filtriert es. Auf Flaschen ziehen und ruhen lassen.

Erdbeerlikör

1 kg Erdbeeren, 500 g Zucker, 1 gestrichener Teelöffel Zimt, 1 gestrichener Teelöffel Nelkenpulver, 1 l Klarer oder Kirschwasser

Die Erdbeeren läßt man in dem Alkohol 3–4 Wochen an einem nicht zu warmen Ort stehen. Dann preßt man sie durch ein Sieb, gibt Zucker, Zimt und Nelkenpulver dazu und läßt alles zusammen noch weitere 3 Wochen ziehen. Filtrieren, auf Flaschen ziehen und ruhen lassen.

Französischer Erdbeerlikör

250 g sehr reife Erdbeeren (am besten Walderdbeeren), 250 g weißer Kandiszucker, 1 Flasche Rum, Kognak oder Kirschwasser

Die Erdbeeren mit dem Kandiszucker in eine Flasche geben und mit Alkohol übergießen. 3–4 Wochen an einem nicht zu warmen Ort ziehen lassen und häufig schütteln. Filtrieren, auf Flaschen ziehen und ruhen lassen.

Himbeerlikör

1 l Himbeersaft, 500 g Zucker, ½ Zimtstange, 3 Nelken, 2 l Kognak

Alle Zutaten werden gut vermischt und 4 Wochen an einem warmen Ort stehen gelassen. Filtrieren, auf Flaschen ziehen und ruhen lassen.

Liköre aus dem Garten

Englischer Ratafia

500 g Sauerkirschen, 250 g schwarze Kirschen, 300 g rote Stachelbeeren, 300 g Himbeeren, 250 g rote Johannisbeeren, 1 kg Zucker, 1 l Wasser, 0,5 g Nelken, 0,5 g Macis, 4 g Zimt, 10 g Koriander, 1 g Fenchel, 0,5 g Piment, 1 Tropfen Bittermandelöl, 4 Aprikosenkerne, 1 1/2 Flaschen Kognak

Die Kirschen werden entsteint und zusammen mit den anderen Früchten im Mixer zu einem Brei zerschlagen. 5 Sauerkirschensteine, die Aprikosenkerne und die übrigen Gewürze werden im Mörser zerstoßen und zum Fruchtbrei dazugegeben. Den in dem Wasser geläuterten Zucker dazugeben und alles 14 Tage an einem warmen Ort stehen lassen. Filtrieren und mit dem Alkohol vermischen. Erneut 14 Tage warm stellen, noch einmal filtrieren und auf Flaschen ziehen. Ruhen lassen.

Die Kräutermischung kann bestellt werden (s. S. 102/103).

Pflaumen-Likör

Reife Zwetschen oder Pflaumen, klarer Schnaps, flüssiger Bienenhonig

Reife Zwetschen oder Pflaumen werden gereinigt und im Backofen etwas angetrocknet. Dann gibt man sie in eine Flasche und übergießt sie mit gleichen Teilen Schnaps und Bienenhonig. Gut schütteln und stehen lassen. An einem sonnigen Platz 4–6 Wochen unter häufigem Schütteln reifen lassen. Filtrieren und auf Flaschen ziehen. Stehen lassen.

Aprikosenlikör

25 reife Aprikosen, 250 g Zucker, 6 Nelken, 1/2 Zimtstange, 1 l Klarer

Die Aprikosen werden entkernt und zusammen mit den im Mörser zerstampften Kernen in eine Flasche gegeben. Zucker und Gewürze hinzufügen und den Alkohol darübergießen. 3 Wochen an einem warmen Ort stehen lassen und häufig schütteln. Filtrieren, auf Flaschen ziehen und ruhen lassen.

Liköre aus dem Garten

Persico

250 g frische Pfirsichsteine, 8 g Nelkenpulver, 1 Prise Kardamom, 1 kg Zucker, 1/2 l Wasser, 1/2 Flasche Klarer

Man klopft die frischen Pfirsichsteine auf und zerquetscht sie ein wenig. Dann gibt man sie in den Alkohol und läßt beides zusammen 4 Wochen lang an einem warmen Ort stehen. Nelkenpulver und Kardamom dazugeben, gut schütteln und noch einmal 8 Tage warm stehen lassen. Den Zucker in dem Wasser läutern und zu dem Alkohol geben. Filtrieren, auf Flaschen ziehen und ruhen lassen.

Birnen-Likör

1 kg aromatische, reife Birnen, 0,5 l Pfirsichsaft, 250 g weißer Kandiszucker, 1/2 Stange Vanille, 1 kleine Stange Kaneel, abgeriebene Schale einer halben Zitrone, 2 Eßl. Arrak, 2 kleine Stücke kandierter Ingwer, 2 l Birnenwasser (50%)

Die Birnen werden geschält, in kleine Stücke geschnitten und langsam köchelnd in dem Pfirsichsaft gegart, in dem man zuvor den Kandiszucker aufgelöst hat. Vanillestange dazugeben und mitziehen lassen. Abkühlen lassen und mit den übrigen Zutaten gut vermischen. An einem sonnigen Ort 6–8 Wochen stehen lassen, häufig schütteln. Filtern und auf Flaschen ziehen. Nach 14 Tagen erneut filtrieren. Stehen lassen, bis sich der Likör von selbst klärt.

Quitten-Likör

3 Flaschen frisch ausgepreßter Quittensaft, 1 kg Zucker, 40 Nelken, 5 Tropfen Bittermandelöl, 17 g Zimt, 1/2 l Wasser, 1 Flasche Klarer oder Kirschwasser

Man reibt die ungeschälten Quitten und preßt den Saft durch ein Mulltuch. Dann zerstößt man die Nelken und gibt sie zusammen mit den anderen Gewürzen zu dem Quittensaft. Alkohol zugießen, gut vermischen und 4 Wochen lang an einem warmen Ort stehen lassen. Häufig schütteln. Filtrieren, den im Wasser geläuterten Zucker dazugeben, auf Flaschen ziehen und ruhen lassen.

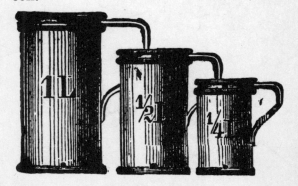

Liköre aus dem Garten

Englischer Quitten-Likör

1 l frisch ausgepreßter Quittensaft, 500 g Zucker, 1 l Brandy oder Whisky

Man reibt halbierte und entkernte Quitten und stellt das Mus, mit etwas Zucker bestreut, 24 Stunden kalt. Dann preßt man das Mus aus und filtriert den Saft, bis er ganz klar ist. Es wird 1 l frischer Saft benötigt. Diesen verrührt man mit dem restlichen Zucker und dem Alkohol und gibt ihn in eine Flasche. 14 Tage an einem nicht zu warmen Ort stehen lassen und häufig schütteln. Filtrieren, auf Flaschen ziehen und ruhen lassen.

Zitronen-Likör

2 sehr saftige Zitronen, 1 Limone, 300 g weißer Kandiszucker, 1 Zimtstange, 1 gestrichener Teelöffel Koriander, 1/8 l Wasser, 1 l Kognak

Der Kandiszucker wird mit 1/8 l Wasser aufgekocht und bei schwacher Hitze zu Zuckersirup eingekocht. Abkühlen lassen. Zitronen und Limone hauchdünn abschälen und zusammen mit dem Zuckersirup, dem Saft aller Früchte, den Gewürzen und dem Alkohol in Flaschen füllen. 2–3 Wochen an einem warmen Ort stehen lassen. Filtrieren, auf Flaschen ziehen und ruhen lassen.

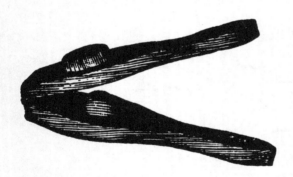

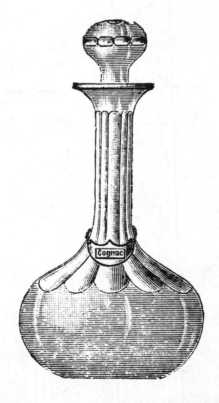

Apfelsinen-Brandy

2 sehr saftige Apfelsinen, 200 g Zucker, 1/4 Stange Zimt, 1 l Weinbrand

Die Apfelsinen werden mit einer Gabel mehrfach eingestochen und zusammen mit dem Zucker und dem Zimt in den Alkohol gegeben. 6 Wochen an einem nicht zu warmen Ort stehen lassen und täglich schütteln. Filtrieren, auf Flaschen ziehen und ruhen lassen.

Liköre aus dem Garten

Nuß-Likör

20 grüne Walnüsse, 2 Nelken, ½ Zimtstange, 350 g Zucker, ¾ l Wasser, ¾ l Spiritus

Die grünen Walnüsse werden Ende Juni geerntet, grob zerkleinert und zusammen mit den Gewürzen und dem Alkohol in eine Flasche gegeben. 3–4 Wochen an einem sonnigen Platz stehen lassen. Häufig schütteln. Den Zukker in dem Wasser läutern und zum Alkohol-Gemisch dazugeben. Filtrieren, auf Flaschen ziehen und ruhen lassen. Der Nuß-Likör gewinnt durch lange Lagerung.

Walnuß-Likör

Original-Rezept aus I.C. Simons Destillierbuch, Kopenhagen 1799

4 grüne Walnüsse, 2 Nelken, Schale von einer halben Zitrone, 500 g Zucker, ½ l Wasser, 1 Flasche Klarer

Die Walnüsse werden mit kochendem Wasser überbrüht und dann bis zum Erkalten stehen gelassen. Nun gibt man die Walnüsse, die Nelken und die hauchdünn abgeschälte Zitronenschale in eine Flasche und übergießt sie mit dem Alkohol. 6 Wochen an einem nicht zu warmen Ort stehen lassen. Den Zucker in dem Wasser läutern und dazugeben. Filtrieren, auf Flaschen ziehen und ruhen lassen.

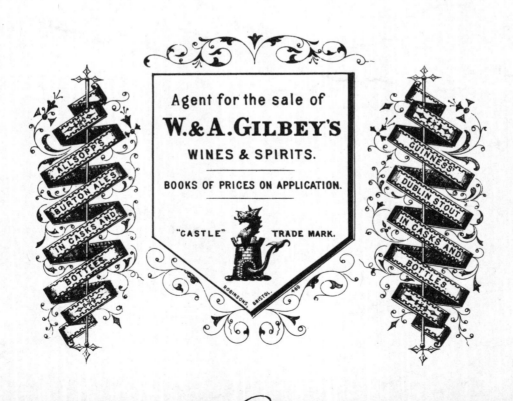

Liköre aus Feld und Flur

Schlehen-Likör

Schlehen
Zucker
Wasser
Branntwein

Gut gereifte Schlehen werden etwa Anfang Oktober, am besten nach dem ersten Frost, gepflückt, einen Tag auf Papier in der Sonne getrocknet und dann entsteint. Die Steine müssen von sämtlichem Fruchtfleisch gesäubert, dann gewaschen und getrocknet werden. Man zerschlägt sie und gibt zu jeweils 1/4 l Stein-Mus 1 l Branntwein. 6 Wochen an einem warmen Ort ziehen lassen. Für jeweils 1 l Flüssigkeit läutert man 1 kg Zucker in 1/2 l Wasser und gibt diese Lösung zu dem Alkohol. 14 Tage bei häufigem Schütteln stehen lassen. Filtrieren, auf Flaschen ziehen und ruhen lassen.

Tip: Fehlenden Frost ersetzt man evtl. dadurch, daß man die Schlehen für einige Stunden in die Tiefkühltruhe gibt.

Liköre aus Feld und Flur

Schlehen-Likör II

500 g Schlehen (nach dem ersten Frost), 1/2 l Spiritus, 1/2 l Arrak, Saft von 1 Zitrone, Saft von 1 Apfelsine, 1 Stange Kaneel, 1/2 Stange Vanille, 1 Prise Nelkenpuder, 1 Prise Muskatnuß, gemahlen, 350 g weißer Kandiszucker, 1/2 l Wasser

Mit einer Stopfnadel sticht man die gereinigten Schlehen so oft wie möglich tief ein. Dann gibt man sie in Flaschen und übergießt sie mit dem Gemisch aus Spiritus, Arrak, Zitronen- und Apfelsinensaft, Nelkenpuder, Muskatnuß, Vanillestange und Kaneelstange. Gut schütteln und fest verschlossen an einem sonnigen Ort 4–6 Wochen stehen lassen. Häufig schütteln. Filtrieren und mit dem im Wasser geläuterten Kandiszucker vermischen. Gut schütteln und erneut 8–10 Tage stehen lassen. Noch einmal filtrieren und auf Flaschen ziehen. Stehen und ruhen lassen.

Preiselbeer-Likör

Reife Preiselbeeren, Zucker, Wasser, Klarer oder Wodka

Die sehr reifen Preiselbeeren gibt man in eine große, weithalsige Flasche und übergießt sie mit so viel Alkohol, daß sie gerade bedeckt sind. 2–3 Wochen an einem warmen Ort stehen lassen, die Beeren verlieren ihre rote Farbe. Filtrieren und mit Zuckerlösung vermischen (auf 1 l Flüssigkeit nimmt man 500 g Zucker, der in 1/2 l Wasser geläutert wird). Erneut 14 Tage stehen lassen. Filtrieren, auf Flaschen ziehen und ruhen lassen.

Liköre aus Feld und Flur

Flieder-Brandy

2½ l frischer Fliederbeersaft, 250 g Zucker, 3 Nelken, ½ Flasche Malz-Whisky

Man preßt so viele reife Fliederbeeren aus, daß man die nötige Saftmenge erhält. Dieser wird filtriert, bis er klar ist. Dann kocht man ihn mit dem Zucker und den Nelken auf und läßt ihn abkühlen. Mit Alkohol vermischen, filtrieren und auf Flaschen ziehen. Ruhen lassen.

Hagebutten-Likör

250 g Hagebutten (am besten nach dem ersten Frost), 200 g Zucker oder Kandiszucker, ¼ l Wasser, 1 l Klarer oder Kirschwasser

Die Hagebutten werden gewaschen und so gesäubert, daß nur das Fruchtfleisch übrigbleibt. Dieses läßt man 14 Tage lang an einem warmen Ort in dem Alkohol ziehen. Dann klärt man den Zucker in dem Wasser und gibt die Lösung zum Alkohol. Filtrieren, auf Flaschen ziehen und ruhen lassen

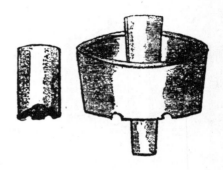

Wacholder-Likör

¼ l frische Wacholderbeeren, 375 g Zucker, ⅜ l Wasser, 2 Flaschen Korn oder Wodka

Die Wacholderbeeren werden mit einer Gabel etwas zerquetscht und dann mit dem Alkohol übergossen. 14 Tage an einem warmen Ort stehen lassen, häufig schütteln. Zucker mit Wasser läutern und zu dem Alkohol dazugeben. Filtrieren, auf Flaschen ziehen und ruhen lassen.

Vogelbeer-Likör

Vogelbeeren, Zucker, Wasser, Klarer oder Wodka

Die Vogelbeeren werden nach dem ersten Frost gepflückt, gut verlesen (man nimmt möglichst reife) und mit so viel Alkohol übergossen, daß sie gut bedeckt sind. 2–3 Monate an einem warmen Ort stehen lassen, bis die Beeren völlig entfärbt sind. Dann filtriert man den Alkohol und vermischt ihn mit geläutertem Zucker (auf 1 l Alkohol nimmt man 500 g Zucker und ½ l Wasser). Erneut filtern, auf Flaschen ziehen und ruhen lassen.

Liköre aus Feld und Flur

Melissen-Likör

Eine Handvoll Melissenblätter, 500 g Zucker, 1 l Kirschwasser oder Klarer

Die Melissenblätter werden am besten bei sonnigem, trockenem Wetter gepflückt und in den Alkohol gelegt. 24 Stunden an einem warmen Ort stehen lassen. Filtrieren und mit dem Zucker vermischen. 2–3 Tage warm stellen, bis sich der Zucker völlig aufgelöst hat. Filtrieren, auf Flaschen ziehen und ruhen lassen.

Tannenspitzen-Likör

2–3 Tannenspitzen, 150 g weißer Kandis, 1 Flasche Gin

Die möglichst jungen Tannenspitzen waschen und in eine Flasche geben. Kandis hinzufügen, Alkohol darübergießen. 2 Monate an einem nicht zu warmen Ort stehen lassen. Filtrieren, auf Flaschen ziehen und ruhen lassen.

Angelika-Likör

19 g Angelikastengel, 2 Tropfen Bittermandelöl, 250 g Zucker, 1/8 l Wasser, 1 Flasche Klarer

Die frisch gepflückten Angelikastengel werden klein geschnitten und zusammen mit dem Bittermandelöl in den Alkohol gegeben. 5–6 Tage an einem warmen Ort stehen lassen. Mit dem in dem Wasser geläuterten Zucker vermischen. Filtrieren, auf Flaschen ziehen und ruhen lassen.

Liköre aus Feld und Flur

Rosen-Likör

125 g frisch gepflückte, stark duftende Rosenblätter, Zucker, Korianderkörner, Zimt, Klarer oder Kirschwasser

Die Rosenblätter werden in ein Gefäß gegeben und mit ½ l lauwarmem Wasser übergossen. Gut verschließen und 2 Tage ruhen lassen. Filtrieren und dabei die Rosenblätter sanft ausdrücken. Nun vermischt man dieses Rosenwasser mit der gleichen Menge Alkohol, fügt auf je 1 l Flüssigkeit 250 g in ⅛ l Wasser geläuterten Zucker dazu und gibt noch einige Korianderkörner und eine Prise Zimt hinein. Alles gut schütteln und dann 2–3 Wochen an einen warmen Ort stellen. Filtrieren, auf Flaschen ziehen und ruhen lassen.

Bärenfang

350 g Imker-Honig, 2 Nelken, 1 Prise Zimt, ½ l Arrak, 1 l Klarer

Man gibt den Honig in einen Stahl- oder Emailletopf und läßt ihn bei geringer Hitze flüssig werden. Dann gibt man die übrigen Zutaten vorsichtig darunter und läßt alles bis zum Aufwallen bei ständigem Rühren heiß werden. Abkühlen lassen und auf Flaschen ziehen. Sehr lange ruhen lassen.

5. Liköre nach Apotheker-Rezepturen

Liköre nach Apotheker-Rezepturen

Französischer Safran-Likör

1 g Safran
1 g Muskatnuß
1 g Zimt
1 g Angelikawurzel
1 g Rhabarberwurzel
0,3 g Kardamom
0,3 g Nelken
0,3 g Macis
1 g Koriander
1 g Anis
1 g Kümmel
3 g Süßholzwurzel
330 g Zucker
1/6 l Wasser
1 Flasche Kognak

Gewürze und Alkohol mischen und 14 Tage lang an einem warmen Ort stehen lassen. Häufig schütteln. Zucker im Wasser läutern und dazugeben. Filtrieren, auf Flaschen ziehen und ruhen lassen.

Die Kräutermischung kann bestellt werden (s. S. 102/103).

Liköre nach Apotheker-Rezepturen

Angelika-Likör I

30 g frische oder getrocknete Angelikawurzel, 5 g Nelken, 5 g Kardamom, 10 g Zimtstange, 250 g Zucker, 1/2 l Wasser, 1 1/2 l Klarer

Die kleingeschnittene Angelikawurzel wird zusammen mit den Gewürzen in eine Flasche gegeben und mit dem Alkohol übergossen. 4 Wochen an einem warmen Ort stehen lassen. Zucker im Wasser läutern und dazugeben. Filtrieren, auf Flaschen ziehen und ruhen lassen.

Angelika-Likör II

20 Tropfen Angelikatinktur, 1 Prise Salz, 1/2 Schnapsglas Angostura-Bitter, 1/2 Schnapsglas Madeira, 400 ccm Wasser, 400 ccm Spiritus

Alle Zutaten werden gut vermischt und 1–2 Wochen an einem nicht zu warmen Ort stehen gelassen. Filtrieren, auf Flaschen ziehen und ruhen lassen.

Anis-Likör

1 Zitrone, 40 g Sternanis, 40 g Anis, 10 g Zimtstange, 400 g Zucker, 1 l Wasser, 2 l Klarer

Die Schale der Zitrone wird sehr dünn abgeschält und mit den zerstoßenen Gewürzen vermischt. Mit dem Alkohol übergießen und 4 Wochen an einem warmen Ort ziehen lassen. Zucker im Wasser läutern und dazugeben. Filtrieren, auf Flaschen ziehen und ruhen lassen.

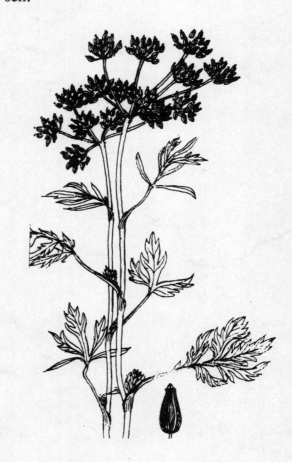

Zimt-Likör

1 Zimtstange, 8 g Zimtpulver, 150 g brauner Kandis, 1 l Weinbrand

Kandis, Zimtstange und Zimtpulver in eine Flasche geben, Alkohol darübergießen. Gut schütteln und fest verschlossen 2 Monate an einem nicht zu warmen Ort stehen lassen. Filtrieren und auf Flaschen ziehen. Der Likör gewinnt durch lange Lagerung.

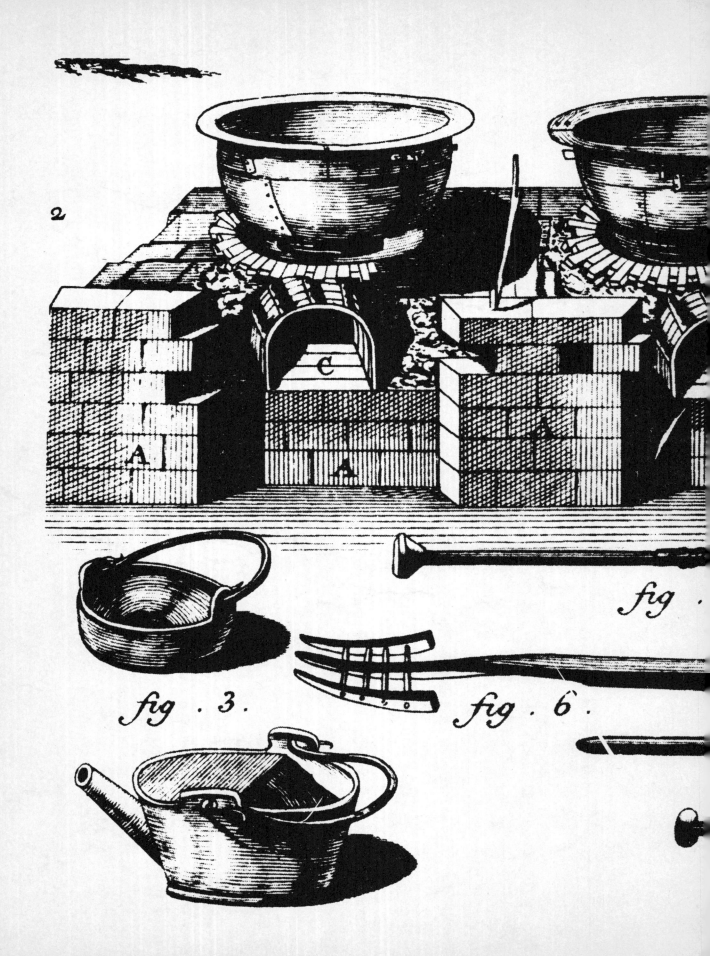

fig. 3.   fig. 6.

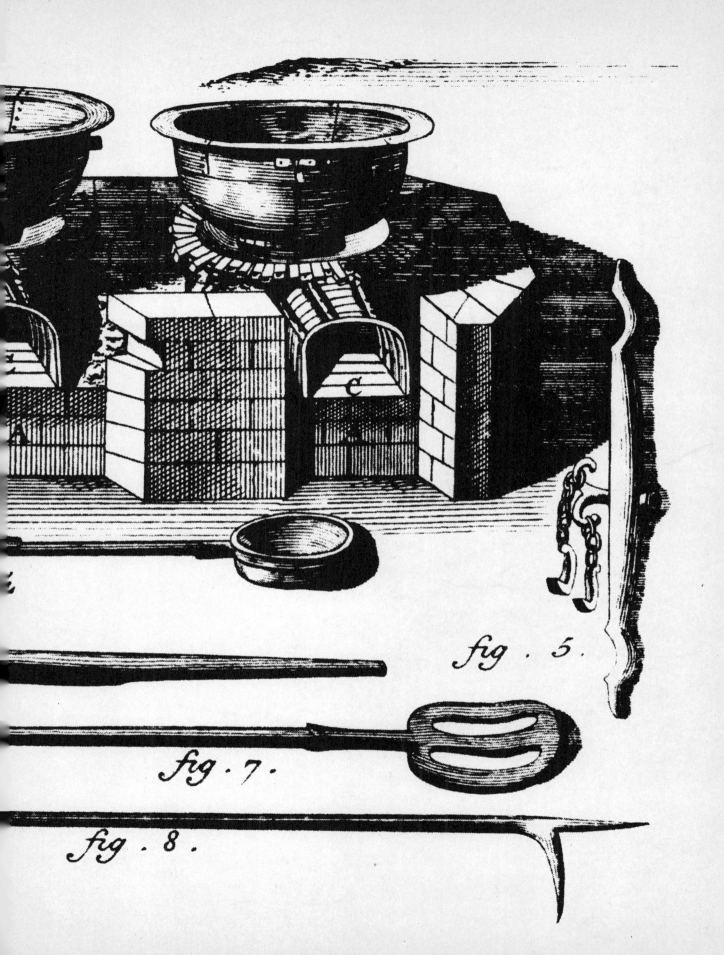

fig. 5.

fig. 7.

fig. 8.

Liköre nach Apotheker-Rezepturen

Christophlet

12 g Zimt, 12 g Nelken, 12 g Kardamom, 12 g Kubebenpfeffer, 250 g Zucker, 1 Flasche guter Rotwein, 1 Flasche französischer Kognak

Die Gewürze werden im Mörser zerstoßen und zusammen mit dem Zucker in dem Rotwein auf kleiner Flamme zum Kochen gebracht. Abkühlen, den Kognak dazugießen und filtrieren. Auf Flaschen ziehen und ruhen lassen.

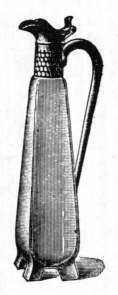

Kalmus-Likör

65 g Kalmuswurzel, 20 g Angelikawurzel, 500 g Zucker, 3/4 l Wasser, 1 1/4 l Klarer

Gewürze in den Alkohol geben und an einem warmen Ort 3–4 Wochen stehen lassen. Zucker in dem Wasser läutern und mit dem Alkohol vermischen. Filtrieren, auf Flaschen ziehen und ruhen lassen.

Kümmel-Likör

90 g Kümmel, 6 g Sternanis, 500 g Zucker, 1/2 l Wasser, 1 1/2 l Klarer

Gewürze zerstoßen und zusammen mit dem Alkohol in große Weckgläser füllen. Luftdicht verschließen und im Wasserbad langsam erhitzen. 30 Minuten leicht köcheln lassen. Topf vom Feuer nehmen, die Weckgläser darin abkühlen lassen. Zucker im Wasser läutern und dazugeben. Filtrieren, auf Flaschen ziehen und ruhen lassen.

Schneller Kümmel-Likör

70 g Kümmel, 250 g weißer Kandiszucker, 1 l Klarer

Sämtliche Zutaten werden 2–3 Wochen an einen warmen Ort gestellt, bis sich der Zucker völlig aufgelöst hat. Filtrieren, auf Flaschen ziehen und ruhen lassen.

Ingwer-Likör

45 g Ingwerwurzel, 500 g Zucker, 1/8 l Wasser, 1 l Kognak oder Kirschwasser

Ingwer zerstoßen und zusammen mit dem Alkohol 2–3 Tage an einem warmen Ort stehen lassen, täglich schütteln. Zucker im Wasser läutern und dazugeben. Filtrieren, auf Flaschen ziehen und ruhen lassen.

Liköre nach Apotheker-Rezepturen

Variante:
Sehr gut schmeckt es, wenn man zum Ingwer noch 500 g zerquetschte schwarze Johannisbeeren dazugibt. Die Zubereitung bleibt dieselbe.

Gewürznelken-Likör

20 Sauerkirschen, 8 g Nelken, 15 g Koriander, 125 g Zucker, 1/4 l Wasser, 1 l Klarer oder Kirschwasser

Sauerkirschen trocknen lassen. Dann gibt man sie mit den grob zerstoßenen Gewürzen in den Alkohol und läßt alles 2–3 Wochen an einem warmen Ort stehen. Täglich schütteln, Zucker im Wasser läutern und untermischen. Filtrieren, auf Flaschen ziehen und ruhen lassen.

Gewürz-Likör

500 g Rosinen, 16 g Muskatnuß, 8 g Nelkenpulver, 8 g Kardamom, 1 Limone, 1 g Safran, 250 g brauner Kandiszucker, 2 l französischer Kognak

Limonenschale hauchdünn abschälen und zusammen mit den Rosinen, den Gewürzen und dem Kandiszucker in den Alkohol geben. 2–3 Wochen an einem nicht zu warmen Ort stehen lassen. Täglich schütteln. Filtrieren, auf Flaschen ziehen und ruhen lassen.

Kurfürst

90 g unreife Pomeranzen, 35 g Pomeranzenschale (getrocknet), 3,6 g Nelken, 5,5 g Zimt, 1 g Kardamom, 9 g Ingwer, 200 g Zucker, 150 ccm Wasser, 350 ccm Spiritus

Die Gewürze werden im Mörser grob zerstoßen und mit dem Alkohol und dem Wasser übergossen. An einem nicht zu warmen Ort 8–10 Tage stehen lassen. Häufig schütteln. Filtrieren, Zucker unterrühren und erneut stehen lassen. Sobald der Zucker aufgelöst ist, noch einmal filtrieren, auf Flaschen ziehen und ruhen lassen.

Die Tinktur kann fertig gemischt bestellt werden (s. S. 102/103).

Liköre nach Apotheker-Rezepturen

Kaffee-Likör

1 Flasche Malzbier (300 ccm), 2 Eßl. feingemahlener Kaffee, 150–300 g Zucker (nach Geschmack) 0,1 g Vanillin, 200 ccm Spiritus

Malzbier und Zucker werden aufgekocht. Dann gibt man den Kaffee dazu und bringt die Flüssigkeit unter ständigem Rühren noch einmal zum Kochen. Vom Feuer nehmen und durch ein Tuch gießen. Nach dem Erkalten Spiritus und das darin gelöste Vanillin dazugeben. Gut schütteln, auf Flaschen ziehen und sehr lange ruhen lassen.

Eier-Likör

4 Eigelb, 200 g Zucker, ½ Vanillestange, ¼ l Milch, 100 ccm Spiritus

Eigelb mit dem Zucker schaumig schlagen. Vanillestange auskratzen und das Mark zu dem Eierschaum dazugeben. Milch und Spiritus untermischen. In eine Flasche geben und an einem nicht zu warmen Ort ruhen lassen.

Kakao-Likör

50 g Kakao, 2,5 g Vanillin, 680 g Zucker, 260 ccm Wasser, 400 ccm Spiritus, 280 ccm Wasser

Kakao, Vanillin, Spiritus und 280 ccm Wasser gut vermischen und 8 Tage an einem nicht zu warmen Ort stehen lassen. Den Zucker in den 260 ccm Wasser läutern und dazugeben. Filtrieren, auf Flaschen ziehen und ruhen lassen.

Rund ums Bier

Aus Betty Gleim's „Bremisches Kochbuch" aus dem Jahre 1847

Wollust

- 2 Scheiben altbackenes Graubrot
- 1 Zitrone
- 1 Handvoll Korinthen
- 60 g Zucker
- 1 Schnapsglas Rum
- 1 Flasche Bockbier

Das Brot wird zerrieben, mit dem Zucker überstreut und dem Rum beträufelt. 30 Minuten ziehen lassen. Dann gibt man die hauchdünn abgeschälte Zitronenschale dazu, gießt den Zitronensaft und das Bier darüber, fügt die Korinthen dazu und rührt alles gut durch. 60 Minuten sehr kalt stellen.

Filtrieren und kühl trinken.

Rund ums Bier

Bier-Likör

2 l dunkles Starkbier, 1 kg Zucker, 2 Vanillestangen, 1 kleines Stück Ingwerwurzel, Schale einer halben Zitrone, 1 1/4 l Spiritus

Das Bier wird gekocht, der Zucker darin verrührt, bis er aufgelöst ist. Dann gibt man die aufgeschnittenen Vanillestangen, den Ingwer und die hauchdünn abgeschälte Zitronenschale dazu und läßt alles zusammen noch 15 Minuten köcheln. Nach dem Abkühlen mit dem Alkohol verrühren. Filtrieren, auf Flaschen füllen und ruhen lassen.

Bier-Bowle

1 Zitrone, 1 Scheibe Brot (Graubrot), 1 Prise Muskatnuß, 1 Prise Ingwerpulver, 1 Zweig Borretsch, 1 Zweig Pimpinelle, 1 Apfel, brauner Rohzucker nach Geschmack, 1/2 l Kognak, 2 l Porter oder Ale

Die Zitronenschale wird hauchdünn abgeschält, die Brotscheibe geröstet. Muskatnuß und Ingwer darüberstreuen und den Kognak darüberträufeln. Borretsch und Pimpinelle zusammen mit dem in Scheiben geschnittenen Apfel dazulegen. Mit dem Bier übergießen, nach Geschmack süßen und eine Stunde sehr kalt stellen. Filtrieren und kühl trinken.

Warmbier

1 Zitrone, 1/2 Zimtstange, 125 g Zucker, 3 Eidotter, 1/4 l Sahne, 1/4 l Rum, Kognak oder Arrak, 1 l helles Bier

Bier mit Zucker, Zimt und der sehr dünn abgeschälten Zitronenschale aufkochen. Sahne, Alkohol und Eidotter gut verschlagen und unter ständigem Rühren in das köchelnde Bier geben. Sehr schaumig schlagen und sofort heiß servieren.

Bier-Grog

4 Eier, 1/2 Zimtstange, 125 g Zucker, 1/4 l Rum, 1 l helles Bier

Bier mit Zucker und Zimt aufkochen. Eier und Rum schaumig schlagen. Bier vom Feuer nehmen und unter ständigem Rühren Rum und Eier darunterschlagen. Sofort heiß servieren.

Rund ums Bier

Eier-Bier

2 Eier, 1 Zimtstange, 125 g weißer Kandis, ³/₄ l helles Bier, Sahne nach Geschmack

Bier mit Zucker und Zimt aufkochen. Eier schaumig schlagen und unter ständigem Rühren in das heiße Bier geben. Je nach Geschmack noch zusätzlich Sahne darunterziehen. Sehr heiß trinken.

Bier-Schäumchen

6 Eidotter, 1 Zitrone, 375 g Zucker, ¹/₄ l Maraschino, ¹/₂ Flasche Weißwein (nicht zu süß). 2 l helles Bier

Bier aufkochen und mit den gut verquirlten Eidottern verrühren. Abgeriebene Zitronenschale, Zucker und den Weißwein dazugeben. Unter Rühren erneut erhitzen, nicht kochen lassen. Vom Feuer nehmen und unter kräftigem Schlagen Maraschino und Zitronensaft unterziehen. Schaumig servieren.

Punsch heiss

Practisches Kochbuch von Charlotte Amalie Lönne aus dem Jahre 1843

Warmen, abgebrannten Punsch zu machen

Der Rum wird im Verhältnis zu der Quantität Punsch, den man zu machen gedenkt, genommen, im gleichen Zucker, der in Wasser aufgelöst worden ist; beides wird in eine Kassarole oder in ein anderes kupfernes Gefäß gegeben, mit Papier angezündet und mit einem silbernen Löffel gerührt; eines hölzernen Löffels kann man sich nicht dazu bedienen, wohl aber eines anderen, aus Metall. Ist Zucker und Rum abgebrannt, wird soviel Citronensaft und kochendes Wasser dazu gegeben, daß der Punsch einen guten Geschmack erhält.

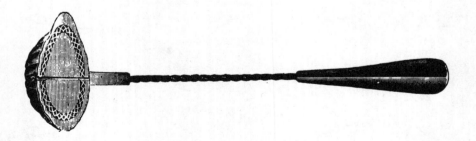

Punsch heiss

Wassail-Bowle

aus dem Universal-Lexikon der Kochkunst, Leipzig, von 1881

»Die altenglische Weihnachts-Bowle, welche am Christabend bereitet, mit einem Kranz von Epheu oder Stechpalme geschmückt und unter der Absingung von Weihnachtsliedern, feierlich in die Banketthalle gebracht wurde. Noch jetzt braut man sie in vielen Gegenden Englands als volksthümliches Weihnachtsgetränk.«

1 kleine Muskatnuß, 2 Nelken, 2 g Ingwerpulver, 1/2 Zimtstange, 5 Koriander-Körner, 5 Kardamom-Körner, 1 Blättchen Macis, 650–750 g Zucker, 1/4 l Wasser, 12 Eier, 4 Flaschen Wein (Weißwein, Portwein, Madeira oder Sherry), Bratäpfel

Wasser mit der geriebenen Muskatnuß, Nelken, Ingwer, Zimt, Koriander, Kardamom und dem Macis-Blättchen aufkochen und noch heiß durch ein Tuch gießen. Den Wein hinzufügen und bei ständigem Rühren vorsichtig erhitzen. Nicht kochen. Nach Geschmack süßen. Eigelb schaumig schlagen und zusammen mit dem steifen Eischnee in das Bowlengefäß geben. Löffelweise nach und nach das erhitzte Getränk unterrühren. Schaumig schlagen. Je Person einen mit der Schale gebratenen Apfel einlegen. Sofort servieren.

Die Kräutermischung kann bestellt werden (s. S. 102/103).

Schwarzwälder Punsch

4 Zitronenscheiben, 8 Nelken, 1/2 Zimtstange, 100 g Zucker, 1/4 l Traubensaft, 1/8 l Schwarzwälder Kirschwasser, 1/2 Flasche Arrak, 2 Flaschen Sylvaner

Zucker, Zitronenscheiben, Nelken, Zimt und Traubensaft aufkochen und 10 Minuten köcheln lassen. Sylvaner und Arrak dazugießen, unter Rühren erhitzen, bis sich weißer Schaum bildet. Vom Feuer nehmen, Kirschwasser hinzufügen, heiß servieren.

Hof-Punsch

2 Zitronen, 4 Apfelsinen, 1500 g brauner Kandiszucker, 1 l Wasser, 3 Flaschen Weißwein (nicht zu süß), 1 Flasche Arrak

Zucker im Wasser läutern und auskühlen lassen. Mit dem Saft der Zitronen und Apfelsinen und der abgeriebenen Schale von einer Zitrone und einer Apfelsine sehr gut verrühren. Wein und Arrak daruntermischen. In eine Jenaer Glasschüssel gießen und in einem vorgeheizten Ofen (250°–300°, Stufe 5–6) erhitzen. In eine gewärmte Terrine geben und sofort servieren.

Punsch heiss

Himbeer-Punsch

0,7 l Himbeersaft, 1 Zitrone, 1 l Wasser, 1/2 Flasche Rotwein, Zucker nach Geschmack

Zitrone hauchdünn abschälen. Himbeersaft, Zitronensaft und Rotwein gut mischen. Wasser dazugeben und bei ständigem Rühren vorsichtig erhitzen. Nicht kochen lassen. Zitronenschale und je nach Geschmack Zucker hinzufügen und noch 10 Minuten köcheln lassen. Heiß servieren.

Apfelsinen-Punsch

7 saftige, mittelgroße Apfelsinen, 125 g brauner Kandiszucker, 1/4 l Wasser, 1/4 l Rum, 1/4 l Rotwein

Rum, Rotwein, Wasser und Kandiszucker gut vermischen und unter ständigem Rühren langsam erhitzen. Nicht kochen lassen. Die hauchdünn abgeschälte Apfelsinenschale und den Saft dazugeben. Noch 10 Minuten ziehen lassen. Durchseihen und heiß servieren.

Orangen-Punsch

3 mittelgroße Orangen, 1 Prise Zimt, 1 Prise Nelken, 1 Prise Muskatnuß, 1000 g weißer Kandiszucker, 1 Flasche Arrak, 2 l Weißwein (nicht zu süß)

Wein, Rum, Kandiszucker und die Gewürze gut vermischen und unter ständigem Rühren langsam erhitzen. Nicht kochen. Orangen in Scheiben schneiden, dazugeben und noch 10 Minuten darin ziehen lassen. Heiß servieren.

Whisky-Punsch

2 Zitronen, 200 g Zucker, 3/4 l Wasser, 1/2 l Whisky

Man übergießt den Zucker mit dem kochenden Wasser und rührt solange um, bis der Zucker aufgelöst ist. Dann gibt man die abgeriebene Schale der Zitrone und den Saft dazu und läßt alles 10 Minuten ziehen. Whisky dazugießen und servieren.

Teepunsch I

1 l schwarzer Tee, 4 Eigelb, 1/4 l Rum, weißer Kandiszucker nach Geschmack

Den heißen schwarzen Tee süßt man mit dem Kandiszucker. Dann verrührt man Eigelb und Rum und gibt den heißen Tee dazu. Heiß servieren.

Punsch heiss

Punsch heiss

Teepunsch II

1 Apfelsine, 2 Zitronen, 2 Zimtstangen, 1/2 l schwarzer Tee, 100 g brauner Kandiszucker, 1/2 Flasche Kognak, 1/2 Flasche Arrak, 1 Flasche Rotwein

Die hauchdünn abgeschälte Apfelsinenschale zusammen mit dem Zitronensaft und dem Kognak 1 1/2–2 Stunden kühl stehen lassen. Durchseihen und zusammen mit Tee, Kandiszucker, Zimtstangen und Rotwein langsam erhitzen. Nicht kochen. Rum unterrühren und heiß servieren.

Tee-Chaudeau

5 Zitronen, 3 Apfelsinen, 6 Teelöffel Ceylontee, 1 1/2 l Wasser, 200 g Imkerhonig, 1/2 Flasche Arrak, 1/2 l Weinbrand

Die hauchdünn abgeschälte Apfelsinenschale zusammen mit dem Zitronensaft und dem Weinbrand 3–4 Stunden kühl stellen. Durchseihen. Tee mit kochendem Wasser übergießen, abgießen und zu dem Weinbrandgemisch dazugeben. Honig vorsichtig einrühren und alles zusammen langsam unter Schlagen erhitzen. Nicht kochen. Arrak dazugeben und heiß servieren.

Himbeer-Teepunsch

1/2 l Himbeersaft, 2 l schwarzer Tee, 1 kg Zucker, 1 Flasche Arrak

Tee und Himbeersaft mischen und aufkochen. Zucker darin auflösen. Arrak hinzugeben und noch 5 Minuten köcheln lassen. Sofort heiß servieren.

Orangen-Teepunsch

4 Orangen, 1 Zitrone, 2 gehäufte Teelöffel Ceylontee, 250 g Zucker, 1/2 l Wasser, 1/8 l Arrak, 1 Flasche Weißwein (nicht zu süß)

Tee mit dem kochenden Wasser überbrühen und 3 Minuten ziehen lassen. Abgießen und mit dem Saft der Zitrone und der Orangen vermischen. Aufkochen, den Zucker darin lösen und den Arrak und den Weißwein dazugeben. Langsam erhitzen, nicht kochen. Hauchdünne Orangenschale einlegen und heiß servieren.

Liebeserklärungs-Punsch

1 Zitrone, 6 Apfelsinen, 1 Vanillestange, 15 g getrocknete Orangenblüten, 15 g schwarzer Tee, 1 l Wasser, 1 kg Zucker, 1/4 l Maraschino, 2 Flaschen Rheinwein, 2 Flaschen Medoc, 1 Flasche Madeira, 1 Flasche Arrak

Der Tee wird mit 1/2 l kochendem Wasser überbrüht und 5 Minuten stehen gelassen. Abgießen. Zucker in 1/2 l Wasser läutern, die aufgeschnittene Vanillestange, die abgeriebene Zitronenschale und die Orangenblüten dazugeben und ziehen lassen, bis der Läuterzucker abgekühlt ist. Durchseihen und mit dem Tee vermischen. Den Apfelsinensaft, den Maraschino, Rheinwein, Medoc, Madeira und Arrak dazugeben und alles langsam erhitzen. Nicht kochen. Heiß servieren.

Punsch heiss

Whist

4 g schwarzer Tee, 1/4 l Wasser, 3 Zitronen, 250 g Zucker, 1 1/2 l Rotwein

Tee mit dem kochenden Wasser überbrühen und 5 Minuten ziehen lassen. Abgießen und mit dem Zitronensaft und dem Zucker vermischen. Unter ständigem Rühren langsam erhitzen. Nicht kochen. Rotwein dazugeben und noch 5 Minuten köcheln lassen. Heiß servieren.

Zitronen-Punsch

3 Zitronen, 1/2 l schwarzer Tee, 500 g Zucker, 1/2 l Wasser, 3/8 l Arrak, 2 Flaschen Weißwein (nicht zu süß)

Zucker in dem Wasser läutern und mit der sehr dünn abgeschälten Zitronenschale und dem Saft 30 Minuten ziehen lassen. Durchseihen und mit Tee, Weißwein und Arrak vermischen. Auf kleiner Flamme vorsichtig erhitzen, aber nicht kochen. Heiß servieren.

Friesen-Punsch

4 Apfelsinen, 2 Zitronen, 1 Vanillestange, 1 Zimtstange, 10 Nelken, 5 Teelöffel schwarzer Tee, 375 g Zucker, 3/8 l Wasser, 1 Flasche Rum

Die Schale von 2 Apfelsinen und einer Zitrone zusammen mit dem Zucker, Nelken, Zimt und der aufgeschnittenen Vanillestange in dem Wasser 5 Minuten köcheln lassen. Tee, Apfelsinen- und Zitronensaft (von allen Früchten) dazugeben. Aufkochen und 5 Minuten zugedeckt ziehen lassen. Durchseihen und mit dem Rum vermischen. Vorsichtig erhitzen, nicht kochen. In eine Flasche oder Karaffe geben. Man läßt diesen Punschextrakt gut verschlossen stehen oder trinkt ihn sofort. Dazu gibt man einen Schuß Extrakt in ein Punschglas, füllt mit kochendem Wasser auf und trinkt sofort.

Kaffee-Punsch

1/2 l starker Kaffee, 1/2 l Portwein, 1/2 l Rum, weißer Kandiszucker nach Geschmack

Die Zutaten werden unter ständigem Rühren vorsichtig erhitzt. Nicht kochen. Sofort heiß servieren.

Punsch heiss

Käthchens Punsch

(von Kätchen Schönkopf, der stürmischen Liebe des jungen Johann Wolfgang von Goethe während seines Studiums in Leipzig, gemixt und überliefert)

»2 Bouteillen Pontak (Bordeaux) in einem Napf, 2 Pomeranzen halbiert, auf dem Rost gebraten. 1 groß Stück Schwarzbrot mit Rübe, etwas gedörrt, diese zwey Stück nebst ein halb Pfund Zucker in den Napf – eine Viertelstunde stehen lassen; zugedeckt! Muskat gerieben zu dem Vorhergehenden. Excellent!«

Milch-Punsch I

3 Zitronen, 1 gestrichener Teelöffel Muskatnuß, 500 g Zucker, 1 l Wasser, 1 l Milch, 1 Flasche Rum

Die abgeriebene Zitronenschale und der Zitronensaft werden mit dem Zucker und der geriebenen Muskatnuß gut vermischt. Dann gießt man den Rum darüber und läßt alles zugedeckt 12–14 Stunden ziehen. Wasser und Milch kochen und darübergießen. Weitere 2 Stunden zugedeckt stehen lassen. Filtrieren und servieren.

Punsch heiss

Charlotte Amalie Lönne (1843)

Fleb zu machen

Es werden 4 Bouteillen Rothwein mit einigen Nelken und etwas Caneel zu Feuer gesetzt, dann das Gelbe von 8 Eiern und soviel Zucker, daß das Getränk gehörig süß werden kann, mit einer Ruthe gut ausgerührt und wenn der Wein zu kochen anfängt, wird 1/3 Bouteille Rum und zuletzt die Eier zu dem Wein gegeben. Unter ständigem Rühren läßt man die Eier mit aufkochen und muß man sich hüten, daß letztere nicht als Käse zusammen laufen. — Es wird dies Getränk auch nicht eher bereitet, bis es zu Tisch soll, und selbst während des Einfüllens in Gläser, muß es noch gerührt werden.

Punsch heiss

Milch-Punsch II

1 Zitrone 1/2 Vanillestange, 125 g Zucker, 1/3 l Arrak, 1/8 l Milch, 1/4 l Wasser

Der Saft und die abgeriebene Schale der Zitrone werden mit dem Zucker und der aufgeschnittenen Vanillestange vermischt und 30 Minuten kühl gestellt. Arrak, Milch und Wasser dazugeben und erneut 24 Stunden kühl stellen. Filtrieren, unter ständigem Rühren langsam erhitzen (nicht kochen) und heiß servieren.

Eier-Punsch I

4 Eigelb, 70 g weißer Kandiszucker, 1/2 l schwarzer Tee, 1/2 l Sahne, 3/8 l Arrak

Tee mit Zucker aufkochen. Sahne mit Eigelb verschlagen und in den Tee einrühren. Unter ständigem Schlagen im Wasserbad erhitzen. Arrak darunterrühren. Heiß servieren.

Eier-Punsch II

6 Eier, 10 Eigelb, 2 Apfelsinen, 2 Zitronen, 600 g Zucker, 1/2 Flasche Arrak, 1 l Wasser, 1 Flasche Rheinwein

Eier, Eigelb und Zucker weißschaumig schlagen. Wein und Wasser dazugeben und erneut durchschlagen. Unter ständigem Rühren im Wasserbad erhitzen. Vorsichtig den Apfelsinen- und Zitronensaft darunterziehen. Arrak hinzufügen und unter kräftigem Schlagen den Punsch erhitzen. Nicht kochen. Durchseihen und heiß servieren.

8. Punsch kalt und seltene Bowlen

Punsch kalt und seltene Bowlen

Mai-Trank

wie Julie Köller ihn 1874 in ihrem „Allgemeinen Schleswig-Holsteinischen Kochbuch" aufzeichnete

Zu einer Bowle für 8 Personen übergießt man ein Weinglas voll Waldmeister mit so viel Weißwein, daß der Waldmeister davon bedeckt ist und läßt ihn gut bedeckt 2 bis 3 Stunden stehen. 4 Flaschen Weißwein süßt man mit in Wasser aufgelöstem Stückenzucker, giebt dazu 2 geschälte Apfelsinen in Stücken (man kann auch Pfirsiche, Aprikosen, Erdbeeren oder Himbeeren nehmen) und den durch ein Tuch gegossenen Waldmeister-Extract. Dicht vor dem Gebrauch gießt man 1 oder 2 Flaschen Selterswasser dazu.

Punsch kalt und seltene Bowlen

Königspunsch

2 Zitronen, 2 Apfelsinen, 1/4 l starker Tee, 750 g Zucker, 1/4 l Rotwein, 1/4 l Rheinwein, 1/2 Flasche Arrak, 1 Flasche Sekt

Der Saft der Zitronen und Apfelsinen wird mit den übrigen Zutaten gut vermischt (außer dem Sekt) und kühlgestellt. Nach 30 Minuten mit dem Sekt aufgießen und sofort servieren.

Kalter Tee-Punsch

8 g schwarzer Tee, 1/2 l Wasser, 500 g Kandiszucker, 2 Apfelsinen, 1/2 Flasche Arrak, 1 Flasche Portwein, 1 Flasche Rheinwein

Man übergießt den Tee mit dem kochenden Wasser, läßt ihn 5 Minuten ziehen und gießt ihn ab. Zucker und Apfelsinensaft dazugeben und abkühlen lassen. Durchseihen und mit den übrigen Zutaten gut vermischen. Kühl servieren.

Kalter Crème-Punsch

4 Zitronen, 1/2 Vanillestange, 1 kg Zucker, 2 l Wasser, 1 l Milch, 1 l Sahne, 2 Flaschen Arrak

Wasser aufkochen, Zucker, Zitronensaft und die aufgeschnittene Vanilleschote dazugeben und erneut aufkochen lassen. Arrak dazugießen und unter Rühren stark erhitzen. Nicht kochen. Milch und Sahne vorsichtig unter kräftigem Rühren darunterziehen. Topf vom Feuer nehmen und gut zugedeckt 2 Stunden ruhig stehen lassen. Filtrieren und auf Flaschen ziehen. Diese Punschessenz hält sich sehr lange.

Nectar-Punsch

5 Zitronen, 1 Prise Muskatnuß, 500 g Zucker, 1 1/4 l Rum, 2/3 l Wasser, 1 l Milch

Die hauchdünn abgeschälte Zitronenschale läßt man 48 Stunden mit 1/4 l Rum ziehen. Dann seiht man ihn durch, gibt das Wasser, den restlichen Rum, den Saft aller Zitronen und Muskatnuß dazu. Milch aufkochen und darübergießen. 24 Stunden lang gut zugedeckt stehen lassen. Zucker einstreuen und rühren, bis er sich aufgelöst hat. Filtrieren, auf Flaschen ziehen und kühl stellen.

Punsch kalt und seltene Bowlen

Eier-Branntwein

12 Eidotter, 500 g Zucker, 1 geh. Teelöffel Zimt, 1 Prise Muskatnuß, 1½ l Sahne, ½ l Klarer

Man schlägt die Eidotter mit dem Zucker und den Gewürzen weißschaumig und rührt nach und nach die Sahne und den Alkohol darunter. Durch ein Sieb geben und sofort servieren.

Apfel-Bowle I

1 kg aromatische Äpfel, 250 g Zucker, ¼ l Rum, 2 Flaschen leichter Wein, 1 Flasche Sekt

Äpfel in Scheiben schneiden, mit Zucker bestreuen und 24 Stunden kühl stellen. Rum darüberträufeln. 3 Stunden gut zugedeckt ziehen lassen. Gekühlten Wein aufgießen, kühl stellen und nach 60 Minuten durchseihen. Mit Sekt aufgießen.

Apfel-Bowle II

8–10 aromatische Äpfel, 250 g Zucker, 8 weiße Pfefferkörner, Schale einer Zitrone, 10 g Zimtstange, 4 Nelken, 60 g Mandeln (gemahlen), 2 Flaschen Weißwein (nicht zu süß), 1 Flasche Sekt nach Geschmack

Die Äpfel werden geschält und in sehr dünne Scheiben geschnitten. Dann legt man sie in einen hohen Steintopf, streut den Zucker darüber und gibt die Gewürze und die hauchdünn abgeschälte Zitronenschale dazu. Weißwein darübergießen und alles gut zugedeckt 24 Stunden an einem kühlen Ort ziehen lassen. Filtrieren und je nach Geschmack mit Sekt aufgießen.

Ananas-Cardinal

1 frische Ananas, 1 kg Zucker, 1 l Klarer, 1 l Rheinwein, 1 Flasche Sekt

Die Ananas wird in feine Scheiben geschnitten und in eine Terrine gelegt. Mit Zucker bestreuen und 60 Minuten lang ziehen lassen. Wein und Klaren darübergießen und erneut 2–3 Stunden an einem kühlen Ort ziehen lassen. Mit Sekt auffüllen.

Punsch kalt und seltene Bowlen

Brabanter Maitrank
(aus dem 16. Jahrhundert)

Eine Handvoll Waldmeister, 6 Erdbeerblättchen, 1 Maßliebchen-Pflänzchen, 1 Fünffingerkraut, 2 Himbeerblättchen, 2 Veilchenblüten, 2 Schafgarbenblättchen, 5 Blätter der schwarzen Johannisbeere, 2 Flaschen Rheinwein, Zucker nach Belieben, Sekt nach Geschmack

Der Waldmeister wird mit so viel Wein übergossen, daß er gut bedeckt ist. Man läßt ihn 2–3 Stunden ziehen und filtriert dann den Extrakt. Die übrigen Zutaten (außer dem Sekt) vermischt man gründlich, gibt den Waldmeister-Extrakt dazu und läßt alles zusammen noch 20–30 Minuten kühl stehen. Durchseihen und nach Belieben mit Sekt auffüllen.

Großmuttels Maiwein

3 Zitronen, 125 g Zucker, 60 g Zitronenmelisse, 60 g Johannisbeer-Blätter (schwarze), 15 g wilder Thymian, 15 g Pfefferminze, 10 g Estragon, 5 Salbei-Blätter, 1 Prise Lavendel, 1 Flasche Moselwein, 1 Flasche Rheinwein

Sämtliche Zutaten (die Zitronen werden in Scheiben geschnitten) in ein Bowlengefäß geben und 30–60 Minuten an einem kühlen Ort ziehen lassen. Durchseihen und je nach Geschmack mit Rhein-, Moselwein oder Sekt auffüllen.

Rosen-Bowle

3 frischerblühte, duftende Rosen, Zucker nach Geschmack, 1 Flasche Rheinwein, 1 Flasche Rotwein, $1/10$ l Kognak, 1 Flasche Sekt

Man vermischt den Rheinwein mit dem Rotwein und gibt den Kognak unter Rühren hinzu. Die Rosenblüten hineinlegen und 15 Minuten ziehen lassen. Durchseihen und nach Geschmack süßen. Sehr gut kühlen und direkt vor dem Servieren mit sehr kaltem Sekt übergießen.

Rosa Rosen-Bowle

10 stark duftende Rosenblüten, $1/10$ l Rum, 1 Flasche Rotwein, 1 Flasche Sekt

Die Blütenblätter werden mit dem Rum beträufelt und 30 Minuten gut zugedeckt stehen gelassen. Mit einer Flasche Rotwein übergießen. Nach weiteren 30 Minuten durchseihen. Den restlichen Rotwein und den Sekt auffüllen. Sofort servieren.

Punsch kalt und seltene Bowlen

Reseda-Bowle

2 Handvoll Reseda-Blüten, 1/8 l Arrak oder Kognak, 2 Flaschen leichter Weißwein, Zucker nach Geschmack, 1 Flasche Sekt

Man pflückt ganz aufgeblühte Reseda, möglichst an einem trockenen, sonnigen Tag, und schneidet die Blüten sehr kurz ab. Dann legt man sie in eine Terrine, beträufelt sie mit dem Arrak oder Kognak und gibt eine Flasche Wein dazu. 12 Stunden lang läßt man alles zusammen gut zugedeckt kühl stehen. Dann seiht man diesen Extrakt durch und vermischt ihn mit dem restlichen Wein und je nach Geschmack mit geläutertem Zucker. Kurz vor dem Servieren den Sekt aufgießen.

Apfelwein-Bowle

1 Eßl. grüner Tee, 150 g Zucker, 6–8 frische Salatgurkenscheiben, 6–8 Borretschblätter, 2 Blatt Salbei, 1 Flasche Apfelwein, 1/2 l Brandy, 1/4 l Wasser, 1 Flasche Sekt nach Geschmack

Man übergießt den grünen Tee mit 1/4 l kochendem Wasser und läßt ihn 15 Minuten ziehen. Abgießen und mit dem Zucker, den Gurkenscheiben, den Borretschblättern und dem Salbei vermischen und kalt werden lassen. Brandy, Apfelwein und Wasser dazugeben und 30 Minuten ziehen lassen. Durchseihen und nach Geschmack mit Sekt auffüllen. Kühl servieren.

Veilchen-Bowle

1 Handvoll Veilchenblüten, 2 Apfelsinen, Zucker nach Geschmack, 2 Flaschen Weißwein, 1 Flasche Sekt

Die Veilchenblüten werden mit dem Saft der Apfelsinen übergossen und mit dem Weißwein kühlgestellt. 3–4 Stunden ziehen lassen. Durchseihen und nach Geschmack mit geläutertem Zucker süßen. Kurz vor dem Servieren mit Sekt auffüllen.

Punsch kalt und seltene Bowlen

Gurken-Bowle

1 Salatgurke, 1 Prise Zimt, 2 Nelken, 1 Prise Muskat, 2 Flaschen Rotwein, 1 Flasche Sekt

Die Salatgurke wird ungeschält in hauchdünne Scheiben geschnitten und in einen hohen Steintopf gelegt. Zimt, Nelken und Muskat darüberstreuen und 1 Flasche Rotwein darübergießen. 60 Minuten kühl stellen und ziehen lassen. Durchseihen und mit dem restlichen Rotwein und dem Sekt auffüllen. Sofort kühl servieren.

Sellerie-Bowle

1–2 mittelgroße Sellerieknollen, 250 g Zucker, 1/2 Flasche Rum, 2 Flaschen Weißwein, 1 Flasche Sekt

Der geschälte Sellerie wird in sehr dünne Scheiben geschnitten, mit Zucker bestreut und mit der Hälfte des Rums beträufelt. 2–3 Stunden kühl stellen und ziehen lassen. Durchseihen und mit dem restlichen Rum, dem Weißwein und dem Sekt auffüllen. Sofort servieren.

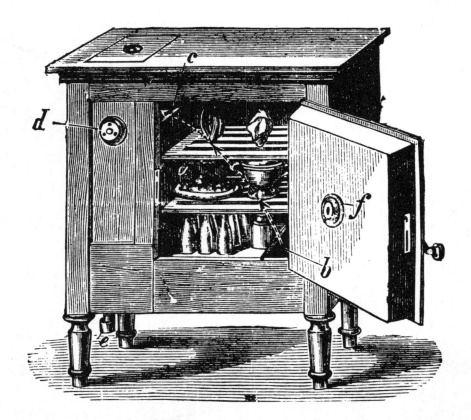

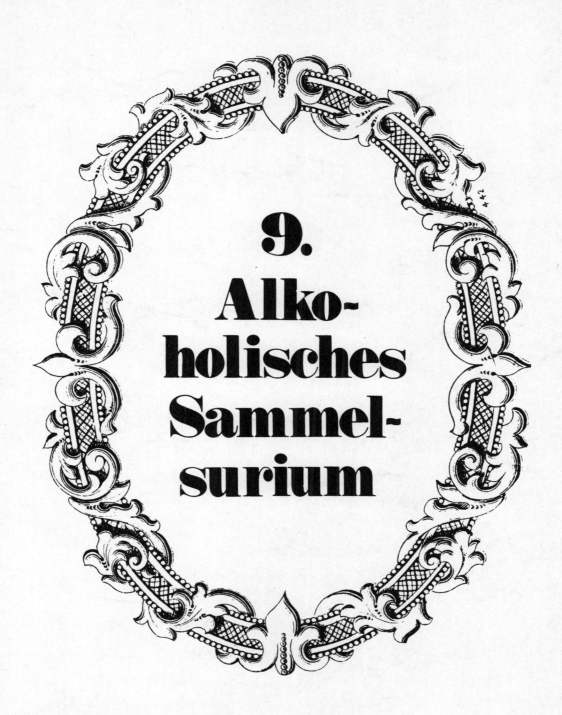

9. Alkoholisches Sammelsurium

Alkoholisches Sammelsurium

Hausgemachter Champagner aus Birkensaft aus der Zeit der Jahrhundertwende

Im Frühjahr, wenn der Saft in die Bäume tritt, werden die Birkenstämme mit einem Bohrer einige Zoll tief angebohrt, ein Federkiel in die Öffnung gebracht und der ablaufende Saft in Näpfe aufgefangen. Des so erhaltenen frischen Saftes nimmt man 30 Quart und kocht ihn mit 12 Pfund Farinzucker oder 16 Pfund gereinigtem Honig auf, schäumt den Saft gut und unterhält ihn so lange im Kochen, bis der vierte Theil verdunstet ist. Der Saft wird durch ein Flanelltuch gegossen und auf ein Faß gefüllt. Man thut 5 bis 6 Eßlöffel voll guten warmen Gest, 5 bis 6 Quart Franzwein und 3 in dünne Scheiben geschnittene Citronen dazu. Das Faß muß nicht ganz voll davon werden. Dann stellt man es mit offenem Spunde zur Gährung in den Keller. Nach beendigter Gährung wird das Faß verspundet, worauf es 4 Wochen lang ruhig liegen muß, bis sich der Wein geklärt hat. Man zieht ihn nun auf Champagnerflaschen, korkt sie gut, befestigt die Stöpsel und verpicht sie. Wenn man genau, wie hier angegeben ist, verfährt, so wird der Birkenwein dem Champagner sehr ähnlich, und liefert ein äußerst angenehmes Getränk.

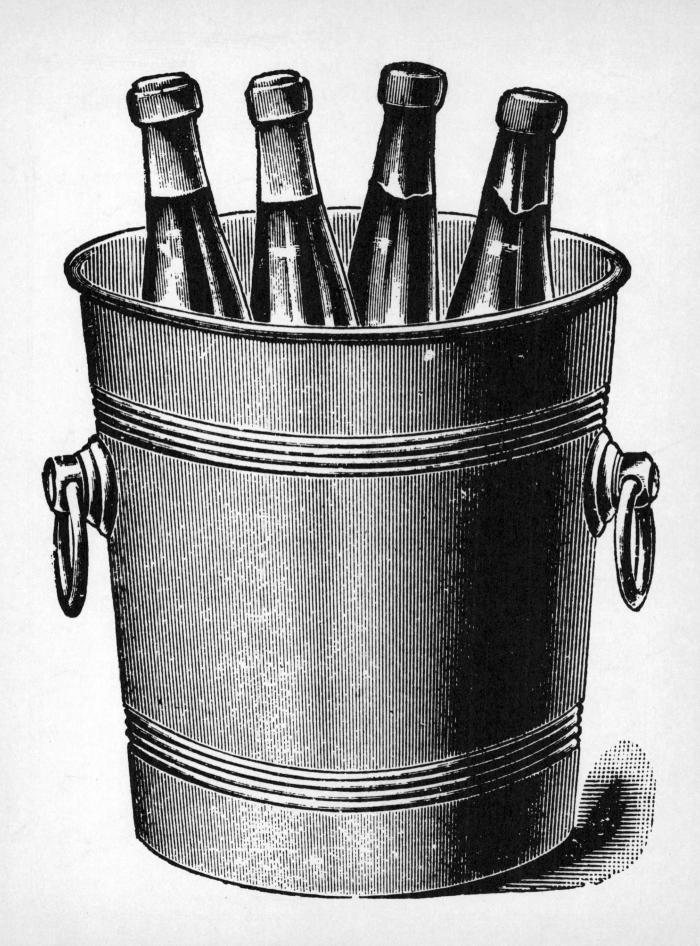

Alkoholisches Sammelsurium

Hollersekt

10 große Dolden Holunderblüten (Fliederbeer-Blüten), 5 l Wasser, 1/16 l Weinessig, 500 g Zucker, 3 Zitronen (in Scheiben geschnitten)

Sämtliche Zutaten werden gut vermischt und leicht zugedeckt 3–5 Tage in die Sonne gestellt. Dann filtriert man die Flüssigkeit und füllt sie in gut schließende Sprudelflaschen. Nach 14 Tagen kann man diesen Hollersekt trinken. Man sollte ihn nicht länger als 6 Monate stehen lassen.

Bohnenzopp aus Ostfriesland

250 g Rosinen oder Sultaninen, Schale einer halben Zitrone, 150 g weißer Kandis, 1 l Klarer

Die gewaschenen Rosinen oder Sultaninen werden zusammen mit der hauchdünn abgeschälten Zitronenschale und dem Kandiszucker in eine weithalsige Flasche gegeben und mit dem Alkohol übergossen. 1–2 Wochen an einem warmen Ort stehen lassen und häufig schütteln. Zitronenschale herausnehmen und das Getränk gut durchkühlen. Man kann es nach Geschmack mit einem Schuß Wein (nicht zu süß) »verdünnen«.

Nectar

(nach einem ererbten, handschriftlichen Rezept aus dem Jahre 1879)

250 g Rosinen, 500 g Zucker, 2 l Wasser, 1 Zitrone, 1/2 l Rum oder Kognak

Rosinen und Zucker vermischen und mit dem kochendem Wasser übergießen. Unter häufigem Umrühren auskühlen lassen. Zitronen in Scheiben schneiden und dazugeben. Alkohol darübergießen und alles zusammen an einem nicht zu warmen Ort 6–7 Tage stehen lassen. Häufig schütteln. Filtrieren und eine Woche sehr kühl stellen. Dabei klärt sich der Nektar. Vorsichtig auf neue Flaschen ziehen und ruhen lassen.

Alkoholisches Sammelsurium

Schlehwein

Man nimmt 30 Pfd reife Schlehen, legt sie auf den Boden eines Zimmers, über den man ein Tuch gebreitet hat, neben einander und läßt sie so lange liegen, bis sie runzlich werden. Alsdann zerstößt man sie mit den Kernen, schwefelt das Faß, in welchem man den Schlehwein bereiten will, propft es zu und läßt es so eine Nacht liegen. Inwendig an den Boden des Fasses, vor dem Zapfloche, befestigt man einen Trichter von Haartuch, den man folgendermaßen macht: Man nimmt einen Reifen von Weidenholz, der etwa einen Fuß im Durchmesser hat, klemmt zwischen denselben einen Beutel von Haartuch oder Flanell, befestigt in den Reifen vier Stäbchen, ebenfalls von der Länge eines Fußes und fügt unten die Enden dieser vier Stäbe in einander. Den haartuchenen Beutel, der so lang wie die Stäbe sein muß, befestigt man an diesen und den Mittelpunkt des Beutels unten, da, wo die Stäbe sich vereinigen. Man könnte ein Stück Haartuch straff über den Reifen spannen, wenn der Zwick (Zapfen) nicht müßte angebracht

Betty Gleim's „Bremisches Kochbuch", 1847

Alkoholisches Sammelsurium

werden; da dieser aber unentbehrlich ist, so ist durch=
aus die angegebene Vorrichtung nothwendig.

Gleichlaufend mit dem Reifen, in welchem der Beu=
tel eingeklemmt ist, ungefähr in der Mitte des Fasses,
wird ein anderer Reifen, über den man ein Stück
Haartuch gespannt hat, befestigt; dieser Reifen muß
den Umfang haben, welchen der Bauch des Fasses
inwendig hat. Der Wein wird auf diese Weise zwei=
mal durchgeseihet, denn man erhält ihn dadurch
klarer als wenn dies nur einmal geschähe.

Nachdem man dies Alles eingerichtet hat, giebt man
die Schlehen in das Faß und dazu weißen Franz=
wein, auf 30 Pfd Schlehen 24 Quart Franzwein
gerechnet, ferner $^1/_8$ Pfd bittere Mandeln, 1 Loth
Nelken und 1 Loth Caneel. Nun läßt man das Faß
3 Tage lang an einem Orte stehen wo es warm ist,
rührt mit einem hölzernen Spahn oft die Schlehen
um, setzt es nach Verlauf dieser Zeit in den Keller
und zapft täglich etwas von dem Weine ab, den man
dann oben in das Spundloch wieder hineingießt, bis
der Wein völlig klar ist (dies erfordert etwa 8 Tage).
Wenn man den Schlehenwein abgezapft hat, gießt
man zu jedem Quart desselben ein halbes Weinglas
voll spanischen Sect, oder mehr, wenn man den
Schlehwein gern noch süßer trinkt.

Alkoholisches Sammelsurium

Giroflé

Aus Sophie Scheiblers „Allgemeines deutsches Koch=buch für bürgerliche Haushaltungen" aus dem Jahre 1832

Es werden 1 ½ Quart Pontac, 1 Pfund Zucker, ½ Loth Nelken und ½ Loth Zimmet zusammen ¼ Stunde gekocht, bis der Zucker völlig geschmolzen ist, nachher in eine porzellanene Terrine zum Abküh=len gegossen, ½ Quart Franzbranntwein hinzuge=geben und auf Flaschen gefüllt.

Anmerkung: Die Nelken und der Zimmet werden schon einen Tag vorher in ein Stückchen Linnen ge=bunden, in einem Tassenkopf voll Wasser erweicht und dann dieses Wasser mit hinzugegeben.

Tips zum Ausprobieren:
Pontac ist ein Bordeaux,
1 Loth mißt 16 Gramm,
Statt Franzbranntwein nimmt man Klaren
1 Quart = 1 Liter.

Alkoholisches Sammelsurium

Tisane

1 Scheibe Roggenbrot, 1 Zitrone, 1 gestrichener Teelöffel Zucker, 1 Prise Zimt, 1/4 l Wasser, 1/4 l Weißwein (nicht zu süß)

Brot und hauchdünn abgeschälte Zitronenschale mit 1/8 l Wasser leicht köchelnd 30 Minuten durchziehen lassen. Durch ein Haarsieb streichen und mit dem Zitronensaft gut verrühren. Weißwein, Zucker, Zimt und das restliche Wasser dazugeben. Gut durchrühren und dann kühl stellen. Nach 24 Stunden durchseihen und auf eine Flasche ziehen. Ruhen lassen.

Czay aus Ungarn

250 g Mais, 1/2 l Wasser, 50 g Zucker, 1/8–1/4 l Rum

Mais mit dem Wasser gut durchkochen (man kann, wenn man keinen frischen Mais bekommt, auch Körner aus der Dose nehmen), zerstampfen und durch ein Sieb geben. Mit Zucker verrühren und gegebenenfalls noch einmal filtrieren. Erneut erhitzen und mit Rum (Menge nach Geschmack) verrühren. Heiß trinken.

Ohmchens Schlüsselblumen-Wein

Man kocht 12 Liter Wasser mit 4 kg Zucker eine halbe Stunde lang, nimmt den Schaum sorgsam ab und gießt die kochende Flüssigkeit über die dünn abgeschälte Schale von drei Zitronen und drei Apfelsinen, worauf man den geklärten Saft von drei Zitronen hinzufügt, das Ganze in einen Bottich schüttet, lauwarm werden läßt und 12 Liter von den Stielen gepflückte Schlüsselblumenblüten hineintut. Ebenso ein Stück geröstetes Brot, auf das man sechs Löffel dicke Bierhefe gestrichen hat. So läßt man die Flüssigkeit zwei Tage gären, gießt den Wein dann in ein Faß, fügt 1/2 Liter guten Rheinwein bei, verspundet das Faß, zieht den Wein nach 7–8 Wochen ab und kann ihn dann bald in Gebrauch nehmen.

Tips zum Ausprobieren:
Rezept vierteln, normale Bäckerhefe nehmen, einfüllen in gut verschließbare Flaschen und dunkel stehen lassen. Filtrieren nach 7–8 Wochen und probieren. Je nach Geschmack mit Wein (gekauftem!) »verlängern«!

Alkoholisches Sammelsurium

Bischofsgeist oder Bischofsextract aus ganzen Pomeranzen

Man nimmt frische bittere Pomeranzen, ritzt sie vermittels eines Messers der Länge nach von oben bis unten so, daß die Einschnitte sehr nahe an einander liegen; nur muß man sich vorsehen, daß man nicht die unter der gelben Schale liegende weiße Haut verletze. Dann bratet man sie auf einem Roste über dem Feuer, bis sie ganz hart sind und sich keine weiche Stellen mehr an ihnen finden. Doch muß man sie während dieser Zeit oft umkehren, damit sie nicht anbrennen und schwarz werden. Dann legt man sie in einen Napf, gießt rothen Wein, am besten Cahors, darauf, auf 8 Pomeranzen 2 Quart Wein gerechnet, und läßt sie damit in einer warmen Stube 2 bis 3 Tage stehen. Nach Verlauf dieser Zeit gießt man den Wein von den Pomeranzen ab, jedoch ohne letztere auszuwässern, und zieht den Geist auf Flaschen. Man kann nun auf die Pomeranzen noch einmal Wein gießen, sie wieder 3 Tage damit stehen lassen und dann Wein abgießen, dieser Geist ist jedoch schwächer als der erste.

Anmerkung: Pomeranzen gehören zur Familie der Zitrusfrüchte, sie sind bei uns außerordentlich selten frisch zu bekommen. (Getrocknet in der Apotheke)

Alkoholisches Sammelsurium

Der Bierbreuwer.

Alkoholisches Sammelsurium

Gewürztinktur

— gefunden in einem alten handschriftlichen Kochbuch aus Polen

Verschiedene zerstampfte Gewürze (Zimt, Nelken, Ingwer und Kardamom — und nach Geschmack noch andere) werden in eine Flasche gegeben und mit klarem Schnaps übergossen. Gut schließen und stehen lassen. Nach 3 Tagen wickelt man diese Flasche in Brotteig ein und formt daraus eine längliche Semmel. Zusammen mit dem anderen Brot, das man bäckt, gibt man diese Schnaps=Semmel in den Ofen und backt sie wie Brot ab. Abkühlen lassen und die Flasche herausschälen. Die Tinktur ist sehr stark geworden durch die Hitze. Sie eignet sich hervorragend zum Aromatisieren von Likörschnäpsen.

Tips

Das gibt es in der Apotheke

Absinth = Wermut
Alantwurzel
Aloe
Angelikatinktur
Angelikawurzel
Anis
Benediktenkraut
Enzianwurzel
Fenchel, grobkörnig und feinkörnig
Galantwurzel
Ingwerwurzel, auch als Pulver
Kalmuswurzel
Kamille
Kardamom
Koriander
Kubebenpfeffer
Kümmel
Lavendelblüten
Lerchenschwamm
Majoran
Mandeln (süße)
Macis = Muskatblüte
Muskatnuß
Nelken, ganz und als Pulver
Orangenblüten, getrocknet
Pfefferkörner, weiß und schwarz
Pfefferminzblätter
Piment
Pomeranzen, unreife
Pomeranzenschale, getrocknet
Rhabarberwurzel
Safran
Sandelholz, rotes
Sennesblätter
Spiritus = Weingeist (90 %ig)
Sternanis
Süßholzwurzel
Tausendguldenkraut

Thymian
Vanillin
Vanillestangen
Veilchenwurzel
Wacholderbeeren
Wermut = Absinth
Weingeist = Spiritus
Weinstein
Zimt, als Stange und als Pulver
Zittwersamen

Tips

Was wächst wann wo?

Angelika – Juli, August – feuchte Wiesen

Borretsch – Mai bis September – meist im Garten, wird ab Mai alle vier Wochen ausgesät, vereinzelt auch wild

Estragon – August bis Oktober – meist im Garten, Aussaat im Frühjahr oder Pflanzen August/September

Fünffingerkraut – Juli, August – in Gräben, Wiesen, an Wegrändern

Heide-Nelke – Juni bis September – sehr seltene Pflanze, auf trockenen Wiesen, in Kiefernwäldern

Himbeersprossen – im Garten

Ilex (Stechpalme) – Mai bis Juli – Zierpflanze, in Gärten und Wäldern

Johannisbeerblätter – im Garten

Johanniskraut – Juni bis August – an Wegesrändern, trockenen Wiesen, Trockenhängen

Kalmus-Wurzel – Juni, Juli – an Gräben, Teichen und feuchten Stellen im Wald

Kamille – Mai bis September – auf Äckern und im Ödland sehr verbreitet

Kerbel – Mai bis September – meist im Garten, wird ab März alle vier Wochen ausgesät

Kiefern – in trockenen Wäldern, in Gärten als Zierpflanze

Lavendel – in vielen Gärten als Zierpflanze, sonst nur am Mittelmeer

Löwenzahn – überall und außer im Winter immer

Maßliebchen = Gänseblümchen – überall auf Wiesen und in Gärten, außer im Winter immer

Melisse – Juni bis August – meist im Garten, pflanzen ab Ende April

Pfefferminze – Juni, Juli – meist im Garten, im Frühjahr pflanzen

Pimpinelle – Juni bis September – auf Wiesen, seltener in Gärten angebaut

Porst = Gagelstrauch – Mai und Juni – Hochmoore

Rainfarn – Juni bis September – an Weges- und Wiesenrändern, an Hecken

Reseda-Blüten – Juli bis Oktober – Gartenpflanze, seltener verwildert

Salbei – Juni, Juli – meist im Garten, Ende Mai pflanzen

Schafgarbe – Juni bis Oktober – trockene Wiesen, Ödland

Schlüsselblumen – April, Mai – in lichten Wäldern

Sonnentau – geschützt! – Juni bis August – im Moor

Tannen bzw. Fichten – im Wald

Tausendguldenkraut – Juli bis September – Wiesenwaldlichtungen und Trockenhänge

Thymian – Juni bis September – meist im Garten (Frühjahr pflanzen), blüht aber auch wild in trockenen Heidegebieten

Veilchen – Wälder und Bachufer

Vogelbeeren – Früchte ab September bis nach den ersten Frösten – Wegesränder

Wacholderbeeren – ab September – Heiden, Nadelwälder, häufiger in Gärten

Waldmeister – April, Mai – Wälder

Walnüsse – September, Oktober – in Gärten, im Süden auch wild

Wermut – Garten-Wermut – von Juli bis September in Gärten oder Ödland, im Frühjahr pflanzen

Strand-Wermut von August bis Oktober auf Strandwiesen

Tips

Flaschen –
sollten für die Schnaps-Herstellung möglichst weithalsig sein. Hervorragend eignen sich zum Ansetzen ehemalige Fruchtsaft-Flaschen mit Twist-off-Verschlüssen. Je nach Rezept werden sie zum Ziehen an einen warmen, sonnigen Ort oder ganz dunkel und kühl gestellt.

Kräuter –
pflückt man gern frisch (aber nur im Notfall an vielbefahrenen Straßen). Man spült sie gut ab und trocknet sie vorsichtig an luftigem, schattigem Ort. Niemals an der Sonne direkt. Man kann sie z.B. auf einer Zeitung auf einem warmen Fußboden ausbreiten oder sie im ganz leicht geheizten Backofen antrocknen. Getrocknete Kräuter lassen sich in festverschlossenen Gläsern bis zu 1 Jahr aufbewahren. Viele Kräuter können tiefgekühlt werden.

Reiner Spiritus (Weingeist) –
nur in begrenzten Mengen in der Apotheke und nur dort erhältlich. Hat 90 % Alkoholgehalt. Durch eine dem Rezept entsprechende Zugabe von Wasser verdünnt man ihn bis zur gewünschten Stärke. Nie unverdünnt verwenden – das gibt einen »spritigen« Geschmack!

Klarer –
ein auf Trinkstärke herabgesetzter, nicht durch Zusätze aromatisierter Alkohol (38–40 %). Im Handel erhältlich von diversen Herstellerfirmen. Im Gegensatz zum *Korn*, der immer aus Getreide gebrannt ist, kann der Klare auch ein Kartoffelschnaps sein. Er eignet sich besser zum Selbst-Ansetzen als bereits aromatisierte Schnäpse.

Rum –
eine gute Grundlage vor allem für heiße und kalte Punsche. Er sollte nie zu billig sein. Nur für warmen Punsch eignet sich ein Rum-Verschnitt. Sonst empfiehlt es sich, echten westindischen Rum zu nehmen.

Wasser –
das man zur Schnapsbereitung braucht, sollte möglichst rein sein. Wenn das häusliche Leitungswasser zu kalkhaltig ist, sollte man zum Vermischen mit reinem Spiritus lieber destilliertes Wasser nehmen, das man in Apotheken und Drogerien kaufen kann.

Tips

Zucker läutern –

das ist ein Begriff, den man als Hausfrau (oder -mann) nur vom Kuchen-Tränken, vom Bonbon-Kochen oder vom Eis-Zubereiten kennt. Vereinzelt braucht man geläuterten Zucker auch für ganz feine, ganz frische Obstsorten. Beim Ansetzen einiger Schnäpse ist Läuterzucker unentbehrlich. Läuterzucker – das ist eigentlich nichts anderes als Zuckersirup. Eine Zucker-Wasser-Lösung, zu unterschiedlicher Konzentration verkocht. Experten unterscheiden sieben Abstufungen vom sogenannten »Breitlauf« bis zum »Caramel«. Uns genügt es hier, die angegebene Zuckermenge mit der angegebenen Wassermenge (falls diese nicht dabeisteht, nehmen Sie auf 1 kg Zucker ½ l Wasser) 3–5 Minuten lang zu kochen und abzuschäumen. Dann nimmt man den Topf vom Feuer und läßt die Lösung langsam erkalten, bevor man sie weiterverarbeitet.

Ziehen lassen –

darf man frische oder getrocknete Blätter und Blüten von Kräutern immer nur wenige Tage. Dann muß der Alkohol filtriert und weiterverarbeitet werden. Bei Wurzeln, Beeren und Früchten dauert es zwischen einer Woche und einigen Monaten, bis das gewünschte Aroma in den Alkohol gezogen ist.

Lagern –

soll man fertige »Selbstgebraute« möglichst lange. Am besten an einem nicht zu hellen Ort. Sonnenlicht schadet den Mixturen. Ruhe und langes Stehen bis zu Monaten und Jahren sind für manche Schnäpse das eigentliche Geheimnis.

Kühlen –

sollte man nur klare Schnäpse. Kräuterschnäpse werden von Kennern nur leichtgekühlt bis handwarm getrunken.

Filtrieren –

das ist etwas im täglichen Haushalt sehr Gebräuchliches. Bei der Schnapszubereitung nimmt man am besten Mull oder Filterpapier. Mull kann man in so viele Lagen übereinanderlegen, wie es die Reinheit des Getränks erfordert. Sehr leicht arbeitet es sich mit einer Mullwindel in einem Passiersieb. Hervorragend eignen sich auch Kaffeefilter und grobes Filterpapier.

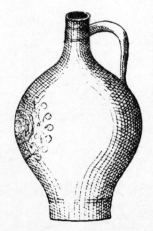

Tips

In den Begriffsbestimmungen für Spirituosen, die der Bund für Lebensmittelrecht und Lebensmittelkunde e. V. in Bonn herausgegeben hat, finden sich die exakten Abgrenzungen für sämtliche alkoholischen Getränke. Hier einige für dieses Buch wichtige Auszüge:

Branntweine

sind extraktfreie oder extraktarme Spirituosen mit oder ohne Geschmackszutaten. Der Alkoholgehalt muß mindestens 32 Raumhundertteile betragen, soweit nicht besondere Bestimmungen vorliegen. Edelbranntweine sind insbesondere Branntweine aus Korn, Obst und Zuckerrohr, die einen besonders wertvollen Geschmack und Geruch aufweisen, sowie Qualitätsbranntweine aus Wein.

Klarer

ist ein wasserklarer Branntwein, der ohne oder mit geringfügigen Geschmackszusätzen aus Alkohol jeder Art und Wasser hergestellt ist; der Mindestalkoholgehalt beträgt 32 Raumhundertteile.

Rum

ist ein Branntwein, der durch Vergären und Destillieren von Zuckerrohrsaft, -melasse, -sirup oder anderen bei der Rohrzuckerherstellung anfallenden Stoffen gewonnen wird und durch den im Ursprungsland üblichen Herstellungsvorgang diejenigen charakteristischen Eigenschaften erhalten hat, die gemeinhin von einem Rum erwartet werden.

Rum-Verschnitt

ist eine Mischung von Rum und Alkohol anderer Art, der Anteil an Alkohol aus Rum muß mindestens 5 % des Gesamtalkohols des trinkfertigen Erzeugnisses betragen. Rum und Rum-Verschnitt können auf Trinkstärke herabgesetzt werden. Der Alkoholgehalt von Rum und Rum-Verschnitt beträgt mindestens 38 Raumhundertteile.

Arrak

ist ein Branntwein, der durch Vergären und Destillieren von Reis, Zuckerrohrmelasse oder zuckerhaltigen Pflanzensäften gewonnen wird und durch den im Ursprungsland üblichen Herstellungsvorgang diejenigen charakteristischen Eigenschaften erhalten hat, die man von einem Arrak erwartet.

Korn

Kornbranntwein, Kornbrand oder Korn sind die Bezeichnungen – wie auch andere, die mit den Worten Korn, Weizen, Roggen oder Getreide gebildet sind – für Branntwein, der ausschließlich aus Roggen, Weizen, Buchweizen, Hafer oder Gerste in Deutschland oder Österreich hergestellt und nicht im Würzeverfahren gewonnen ist. Der Alkoholgehalt muß mindestens 32 Raumhundertteile betragen. Edelkorn, Kornbrand, Doppelkorn und Eiskorn sind Kornbranntweine mit einem Alkoholgehalt von mindestens 32 Raumhundertteilen.

Whisky

wird aus Destillaten verzuckerter und vergorener Getreidemaischen hergestellt. Die Gewinnung von Malzbranntwein kann auch im Würzeverfahren erfolgen.

Obstbranntweine

aus Steinobst, Beeren und sortenreinen Äpfeln und Birnen sind ausschließlich aus der betreffenden frischen, vollen vergorenen Obstfrucht oder deren Fleisch oder Saft ohne Zusatz von zuckerhaltigen Stoffen, Zucker oder Alkohol anderer Art gewonnen. Es gibt sie unter Bezeichnungen wie Kirschwasser, Zwetschgenwasser etc.

Steinhäger

ist ein Branntwein, der ausschließlich durch Abtrieb unter Verwendung von Wacholderlutter aus vergorener Wacholderbeerenmaische hergestellt ist.

Gin

ist ein Branntwein, der unter Verwendung aus Destillation aus Wacholderbeeren und würzenden Stoffen hergestellt ist.

Wacholder

ist ein Branntwein, der aus Sprit und/oder Korndestillat unter Hinzufügung von Wacholderdestillat und/oder Wacholderlutter hergestellt ist.

Aquavit

ist ein Branntwein, der unter Verwendung eines Destillats von Kräutern, Gewürzen oder Drogen hergestellt ist und einen deutlich wahrnehmbaren Kümmelgeschmack aufweist. Die Beigabe anderer würzender Stoffe sowie die Zugabe von Zucker ist erlaubt. Alkoholgehalt mindestens 40 Raumhundertteile.

Wodka

ist ein Branntwein, der aus Sprit und/oder Korndestillat nach besonderem Verfahren und/oder mit geringen Zusätzen hergestellt wird. Alkoholgehalt mindestens 40 Raumhundertteile.

Aufgesetzter

wird entweder durch Aufsetzen von schwarzen Johannisbeeren in Sprit oder Korn oder durch Mischen von Sprit oder Korn mit dem Saft von schwarzen Johannisbeeren hergestellt. Der Alkoholgehalt beträgt 32 Raumhundertteile.

Liköre

sind Spirituosen mit Zusatz von Zucker und Grundstoffen oder Essenzen. Kräuter-, Gewürz- und Bitterliköre sind Spirituosen, hergestellt mit Fruchtsäften und/oder Pflanzenteilen, natürlichen ätherischen Ölen, natürlichen Essenzen und mit Zucker.

Kräuterversand

Folgende Tinkturen und Kräuter-Mischungen können Sie bestellen:

Wanzlebener Kräuter-Liqueur 19
Apothekenbitter 28
Magenbitter Äskulap 29
Absinth 30
Usqueba 30
Benediktiner 30
Englischer Ratafia 38
Französischer Safran-Likör 50
Kurfürst 55
Wassail-Bowle 65

Bitte benutzen Sie die beiliegende Karte oder schreiben Sie an:
Kräuterversand
Bergstraße 26
2305 Heikendorf

Nachwort

Da liegt es nun vor Ihnen, dieses »Hausmachers Schnapsbuch« mit den »Anleitungen, Gebranntes gar köstlich zu veredeln«. Die Autorin, Jutta Kürtz, hat mir vielfach bewiesen, daß sie auch hier wieder nicht nur schöne alte Rezepte gesammelt hat, sondern daß sie sie auch in die Tat umgesetzt hat. Denn da wurde für dieses Buch nicht nur fleißig geschrieben, sondern ebenso fleißig »gebraut«. Und gar Köstliches wird einem in Möltenort aus bauchigen Bouteillen serviert...

Es wäre wünschenswert, daß auch Sie, der Sie nun von dieser Schnaps-Idee erfaßt worden sind, tatkräftig zu Kräutern und Flaschen, zu Früchten und Gebranntem greifen und sich Ihre eigenen Schnäpse zaubern. Bei unserem nördlichen Nachbarn, Dänemark, ist solches in den letzten Jahren fast zum Volkssport geworden. Sicher ist Ihnen auch schon so manche Kräutermischung in Boutiquen und Cook-Shops aufgefallen, vielversprechend und schmuck verpackt, vom fernen Fanø stammend. Keld Bjørn heißt jener Kräuter-Experte aus Dänemark, wohnt in 2 Norderstedt, Dahlienstieg 2, der uns Deutschen die Kräuterschnäpse näher bringen will. Nach uralten Rezepten stellt er Mischungen zusammen, die Sie im Handumdrehen zu Kräuterigem ansetzen können. Er weiß auch Rat, wenn's um ganz seltene oder ausgefallene Kräuter geht. (Schreiben Sie uns ruhig, wenn Sie Fragen haben...)

Uns liegt daran, daß Sie dieses Buch nicht nur zum Schmökern, sondern auch als Rezeptbuch betrachten. Und damit es Ihnen leichter wird, die schwierigsten Mischungen zusammenzustellen, haben wir sie für Sie vorbereitet. Zehn der vielfältigen Mischungen können Sie, wenn Sie an den »Kräuterversand« (s. Seite 102) schreiben, bestellen. Sie kommen nach wenigen Tagen direkt zu Ihnen ins Haus.

Ob Sie sich nun Kräuter oder Früchte selbst zusammenstellen, ob Sie einen Apotheker finden, der Ihnen gern bei der Mixtur minimaler Mengen behilflich ist, oder ob Sie Fertiges hier oder dort bestellen – das Wichtigste scheint mir zu sein, daß Sie sich vom Zauber dieser Schnaps-Idee einfangen lassen und mitmischen.

Ich wünsche Ihnen dabei gutes Gelingen und stoße in Gedanken (natürlich mit Hausgemachtem) mit Ihnen an.

Ihr

Wolfgang Hölker

Ein bewährtes Getränk für Faulfieber-Kranke.

Himbeer-Gelee wird in einer beliebigen Menge Wasser aufgelös't und, nach Verhältniß des zu wünschenden Grades von Säure, mit Vitriolgeist vermischt. Dieses herrliche Getränk ist der Limonade und jedem andern mit Essig bereiteten weit vorzuziehen.

796. Braunschweiger-Mumme-Trank.

Zwei Tassenköpfe voll starker Mumme werden gekocht und mit einem Eidotter abgequirlt. Des Morgens, statt des Kaffee's, mit Zuckerkant genossen, ist es ein äußerst bruststärkendes Getränk.

797. Borsdorfer Aepfel-Trank.

Auf 4 Stück große geviertheilte Borsdorfer Aepfel, die gelbe Schale einer halben Citrone und eine Hand voll gereinigter Korinthen wird 1 Quart kochendes Wasser gegossen, mit demselben eine Stunde lang gekocht, dann durch ein Haarsieb gegossen und erkaltet als Getränk genossen. Zur Erhöhung des Wohlgeschmacks kann auch Zucker oder weißer Wein hinzugefügt werden.

Register

Kräuter-Schnäpse

Wanzleber Kräuter-Liqueur	19
Wacholder-Schnaps	20
Vogelbeer-Schnaps	20
Kalmus-Schnaps	20
Wermut-Schnaps	21
Kerbel-Schnaps	21
Angelika-Schnaps	21
Wodka »smorodinówka«	21
Löwenzahn-Schnaps	22
Porst-Bitter	22
Heide-Nelken-Schnaps	22
Sonnentau-Schnaps	22
Schafgarben-Schnaps	23
Rainfarn-Schnaps	23
Tausengulden-Bitter	23
Johanniskraut-Schnaps	23
Kiefernnadel-Schnaps	24
Kiefern-Bitter	24
Tannennadel-Bitter	24
Ilex-Schnaps	25
Walnuß-Schnaps Orzechówka	25
Walnuß-Schnaps von Schalen	25
Polnischer Zitronen-Schnaps	26
Aromatisierter Wodka	26

Bitter

Apotheken-Bitter	28
Magen-Bitter I	29
Magen-Bitter II	29
Magen-Bitter Äskulap	29
Westindischer Bitter	29
Absinth	30
Usqueba	30
Isländer	30
Benediktiner	30
Aqua vitae	32

Liköre aus dem Garten

Likör von schwarzen Johannisbeeren	34
Johannisbeer-Likör – Grundrezept für Aufgesetzte	35
Cassis-Ratafia	35
Gingerette	35
Johannisbeer-Likör	35
Johannisbeer-Likör mit Kräutern	36
Johannisbeer-Meth	36
Kirsch-Likör I	36
Kirsch-Likör II	36
Französischer Likör	37
Erdbeer-Likör	37
Französischer Erdbeer-Likör	37
Himbeer-Likör	37
Englischer Ratafia	38
Pflaumen-Likör	38
Aprikosen-Likör	38
Persico	39
Birnen-Likör	39
Quitten-Likör	39
Englischer Quitten-Likör	40
Apfelsinen-Brandy	40
Zitronen-Likör	40
Nuß-Likör	42
Walnuß-Likör	42

Register

Liköre aus Feld und Flur

Schlehen-Likör I	44
Schlehen-Likör II	45
Preiselbeer-Likör	45
Flieder-Brandy	46
Hagebutten-Likör	46
Wacholder-Likör	46
Vogelbeer-Likör	46
Melissen-Likör	47
Angelika-Likör	47
Tannenspitzen-Likör	47
Rosen-Likör	48
Bärenfang	48

Liköre nach Apothekerrezepturen

Französischer Safran-Likör	50
Angelika-Likör I	51
Angelika-Likör II	51
Anis-Likör	51
Zimt-Likör	51
Christophlet	54
Kalmus-Likör	54
Kümmel-Likör	54
Schneller Kümmel-Likör	54
Ingwer-Likör	54
Gewürznelken-Likör	55
Gewürz-Likör	55
Kurfürst	55
Kaffee-Likör	56
Eier-Likör	56
Kakao-Likör	56

Rund ums Bier

Wollust	60
Bier-Likör	61
Bier-Bowle	61
Warmbier	61
Bier-Grog	61
Eierbier	62
Bier-Schäumchen	62

Punsch heiß

Abgebrannter Punsch	64
Wassail-Bowle	65
Schwarzwälder Punsch	65
Hof-Punsch	65
Himbeer-Punsch	66
Apfelsinen-Punsch	66
Orangen-Punsch	66
Whisky-Punsch	66
Tee-Punsch I	66
Tee-Punsch II	68
Tee-Chaudeau	68
Himbeer-Tee-Punsch	68
Orangen-Tee-Punsch	68
Liebeserklärungs-Punsch	68
Whist	69
Zitronen-Punsch	69
Friesen-Punsch	69
Kaffee-Punsch	69
Kätchens Punsch	70
Milch-Punsch I	70
Fleb	71
Milch-Punsch II	72
Eier-Punsch I	72
Eier-Punsch II	72

Register

Punsch kalt und seltene Bowlen

Maitrank	74
Königspunsch	75
Kalter Tee-Punsch	75
Kalter Crème-Punsch	75
Nectar-Punsch	75
Eier-Branntwein	77
Apfel-Bowle I	77
Apfel-Bowle II	77
Ananas-Cardinal	77
Brabanter Maitrank	78
Großmuttels Maiwein	78
Rosen-Bowle	78
Rosa Rosen-Bowle	78
Reseda-Bowle	78
Veilchen-Bowle	79
Apfelwein-Bowle	79
Gurken-Bowle	80
Sellerie-Bowle	80

Alkoholisches Sammelsurium

Birken-Champagner	82
Holler-Sekt	84
Nectar	84
Bohnenzopp	84
Schlehen-Wein	85
Giroflé	88
Tisane	89
Czay	89
Schlüsselblumen-Wein	89
Bischofsgeist	90
Gewürztinktur	92
Kräuterversand	102
Nachwort	103

Literaturverzeichnis

Sophie Wilhelmine Scheibler, Allgemeines deutsches Kochbuch, Berlin 1835
Hanns Bächtold-Stäubli, Handwörterbuch des deutschen Aberglaubens, Berlin und Leipzig 1927
Carl Brinitzer, Bacchus, Gambrinus und Co., Berlin 1972
Tage la Cour, Den danske Dram
Hannsferdinand Döbler, Kultur- und Sittengeschichte der Welt, Kochkünste und Tafelfreuden, München 1972
Betty Gleim, Bremisches Kochbuch, Bremen 1847
Roland Gööck, Gewürze und Kräuter von A–Z, Gütersloh 1974
Curt Sigmar Gutkind, Das Buch der Tafelfreuden, Leipzig 1929
Hagers Handbuch der pharmazeutischen Praxis, Jahrgänge 1876 und 1878, 1905, 1949
Hasche, Diplomatische Geschichte Dresdens
Heimerans Küchenlexikon, München 1975
Henning Kirkeby, Den gammel kaere Braendevin
Ulrich Klever, Eisbein, Eisbein über alles, Reinbek 1969
Johanna Kuß, Die Holsteinische Küche, Leipzig
Charlotte Amalie Lönne, Practisches Kochbuch, Schleswig 1843
Marcus Looft, Nieder-Sächsisches Koch-Buch, Altona 1769
Otto Mensing, Schleswig-Holsteinisches Wörterbuch, Nachdruck, Neumünster 1973
Pfeifer & Langen, Handbuch für die Früchtezeit, Köln
Holger M. Rasmussen und Joh. Larsen, Braendevinsgrisen
Albert Sandklef, Trettio sorter kryddat brännvin
Universal-Lexikon der Kochkunst, Leipzig 1881
von Weber, Anna – Kurfürstin von Sachsen
Aladar von Wesendonk, Schnäpse und klare Wässer, München 1969
Curt Wilhelm, Lexikon der Getränke, Herford 1973
Volkskundliches Archiv Dr. Longin Malicki, Gdansk (Polen)
Privatsammlung Krystyna Rehder, Dluzki (Polen)

108

Register

Abgebrannter Punsch	64	Fleb	71
Absinth	30	Flieder-Brandy	46
Ananas-Cardinal	77	Französischer Erdbeer-Likör	37
Angelika-Likör I	51	Französischer Likör	37
Angelika-Likör II	51	Französischer Safran-Likör	50
Angelika-Schnaps	21	Friesen-Punsch	69
Anis-Likör	51		
Apfel-Bowle I	77	Gewürz-Likör	55
Apfel-Bowle II	77	Gewürznelken-Likör	55
Apfelsinen-Brandy	40	Gewürztinktur	92
Apfelsinen-Punsch	66	Gingerette	35
Apfelwein-Bowle	79	Giroflé	88
Apotheken-Bitter	28	Großmuttels Maiwein	78
Aprikosen-Likör	38	Gurken-Bowle	80
Aqua vitae	32		
Aromatisierter Wodka	26	Hagebutten-Likör	46
		Heide-Nelken-Schnaps	22
Bärenfang	48	Himbeer-Likör	37
Benediktiner	30	Himbeer-Punsch	66
Bier-Bowle	61	Himbeer-Tee-Punsch	68
Bier-Grog	61	Hof-Punsch	65
Bier-Likör	61	Holler-Sekt	84
Bier-Schäumchen	62		
Birken-Champagner	82	Ilex-Schnaps	25
Birnen-Likör	39	Ingwer-Likör	54
Bischofsgeist	90	Isländer	30
Bohnenzopp	84		
Brabanter Maitrank	78	Johannisbeer-Likör – Grundrezept	
		für Aufgesetzte	35
Cassis-Ratafia	35	Johannisbeer-Likör	35
Christophlet	54	Johannisbeer-Likör mit Kräutern	35
Czay	89	Johannisbeer-Meth	36
		Johanniskraut-Schnaps	23
Eierbier	62	Kätchens Punsch	70
Eier-Branntwein	77	Kaffee-Likör	56
Eier-Likör	56	Kaffee-Punsch	69
Eier-Punsch I	72	Kakao-Likör	56
Eier-Punsch II	72	Kalmus-Likör	54
Englischer Quitten-Likör	40	Kalmus-Schnaps	20
Englischer Ratafia	38	Kalter Creme-Punsch	75
Erdbeer-Likör	37	Kalter Tee-Punsch	75

Register

Kerbel-Schnaps	21
Kiefern-Bitter	24
Kiefernnadel-Schnaps	24
Kirsch-Likör I	36
Kirsch-Likör II	36
Königspunsch	75
Kümmel-Likör	54
Kurfürst	55
Liebeserklärungs-Punsch	68
Likör von schwarzen Johannisbeeren	34
Löwenzahn-Schnaps	22
Magen-Bitter I	29
Magen-Bitter II	29
Magen-Bitter Äskulap	29
Maitrank	74
Melissen-Likör	47
Milch-Punsch I	70
Milch-Punsch II	72
Nectar	84
Nectar-Punsch	75
Nuß-Likör	42
Orangen-Punsch	66
Orangen-Tee-Punsch	68
Persico	39
Pflaumen-Likör	38
Polnischer Zitronen-Schnaps	26
Porst-Bitter	22
Preiselbeer-Likör	45
Quitten-Likör	39
Rainfarn-Schnaps	23
Reseda-Bowle	78
Rosa Rosen-Bowle	78
Rosen-Bowle	78
Rosen-Likör	48

Schafgarben-Schnaps	23
Schlehen-Likör I	44
Schlehen-Likör II	45
Schlehen-Wein	85
Schlüsselblumen-Wein	89
Schneller Kümmel-Likör	54
Schwarzwälder Punsch	65
Sellerie-Bowle	80
Sonnentau-Schnaps	22
Tannennadel-Bitter	24
Tannenspitzen-Likör	47
Tausengulden-Bitter	23
Tee-Chaudeau	68
Tee-Punsch I	66
Tee-Punsch II	68
Tisane	89
Usqueba	30
Veilchen-Bowle	79
Vogelbeer-Likör	46
Vogelbeer-Schnaps	20
Wacholder-Likör	46
Wacholder-Schnaps	20
Walnuß-Likör	42
Walnuß-Schnaps orzechówka	25
Walnuß-Schnaps von Schalen	25
Wanzleber Kräuter-Liqueur	19
Warmbier	61
Wassail-Bowle	65
Wermut-Schnaps	21
Westindischer Bitter	29
Whisky-Punsch	66
Whist	69
Wodka »smorodinówka«	21
Wollust	60
Zimt-Likör	51
Zitronen-Likör	40
Zitronen-Punsch	69